Expression écrite

Sylvie Poisson-Quinton

Reine Mimran

Niveau **4**

CLE

INTERNATIONAL

www.cle-inter.com

Crédits photographiques

p. 34 ht : John Foley / OPALE – p. 34 bas : « Touche Statue », Ph. © Evgen Bavcar – p. 43 : Ph. © Vincent Leblic / PHOTONONSTOP – p. 46 : Ph. © ROGER-VIOLLET – p. 65 : Ph. © RUE DES ARCHIVES – p. 76 : Ph. © Albert Harlingue / ROGER-VIOLLET – p. 81 : Ph. © Ernest Roger / ROGER-VIOLLET – p. 90 : TOURISTA, par Claire Bretecher DARGAUD France – p. 97 : Ph. © Roberd Parigger / SIPA PRESS – p. 103 : © M. MIKAEL PARKVALL de l'Institutionen för lingvistik, Universtité de Stockholm – p. 109 : Ph. © Eurasia Press / PHOTONONSTOP – p. 113 : Ph. Keystone / EYEDEA.

Direction éditoriale : Michèle Grandmangin-Vainseine
Édition : Brigitte Faucard
Mise en pages : CGI
Recherche iconographique : Danièle Portaz
Dessins : Dominique Billout

© CLE International / Sejer, Paris, 2008
ISBN 978-2-09-035212-2

Cet ouvrage, consacré à l'expression écrite, fait suite à **EXPRESSION ÉCRITE Niveau 3**. Il s'adresse à des apprenants adultes ou grands adolescents après environ 400 heures de français et peut être utilisé soit en classe, en complément du manuel de français, soit en auto-apprentissage, grâce aux corrigés qui se trouvent en fin d'ouvrage et aux pages d'auto-évaluation à la fin de chaque unité.

EXPRESSION ÉCRITE 4 Niveau B2 correspond aux niveaux B2 et B2 + du Cadre européen commun de référence pour les langues. Il correspond très précisément à ce qui est attendu d'un(e) candidat(e) se préparant aux épreuves du DELF B2.

Suivant les recommandations du Cadre Européen, il s'inscrit résolument dans une perspective actionnelle : écrire pour faire, pour faire savoir, pour agir ; d'autre part, l'apprenant, dans chacune des Unités, est incité à exprimer de manière fine et argumentée le sens qu'il attache à tel ou tel événement, à telle ou telle expérience.

• **Organisation de l'ouvrage**
L'ouvrage comprend 15 leçons, regroupées en **5 unités** de 3 leçons chacune. Chaque unité est construite autour d'un macro-objectif explicité dans une page introductive.
• **Unité 1 : écrire pour… → Écrire pour dénoncer une situation, pour demander des explications ; répondre par écrit pour expliciter les raisons d'une décision, pour la justifier.**
• **Unité 2 : décrire… → Décrire avec justesse et précision une impression, une sensation, un sentiment, une émotion…**
• **Unité 3 : commenter des données chiffrées → Commenter différents types de données chiffrées** (sondages d'opinion, tableaux, graphiques, diagrammes, « camemberts », etc.).
• **Unité 4 : rédiger un texte de type universitaire ou professionnel → Rédiger un essai, un rapport, un projet.**
• **Unité 5 : entraînement à la rédation d'une synthèse →** Comment, à partir de documents divers, parvenir à élaborer un texte unique et cohérent.

Chaque Unité est suivie d'une page **Allons plus loin avec quelques faits de langues** reprenant et approfondissant certains des points abordés dans les rubriques **Faits de langue** et deux pages de **Bilans autocorrectifs** reprenant les principaux objectifs visés dans l'Unité. Ces exercices autocorrectifs permettent à l'apprenant de contrôler lui-même sa progression.

• **Organisation de chaque leçon**
Chaque leçon (6 pages) présente les objectifs, fonctionnels et linguistiques, et comprend trois doubles pages :
• la première double page : **Proposer des « modèles » d'écrits**
– à gauche, un texte long ou plusieurs textes plus brefs concernant le même thème servant d'exemple pour les activités de production ;
– à droite, des questions permettant à l'apprenant de s'approprier les tournures, les « manières de dire », liées à la problématique, au thème et à l'acte de parole travaillés dans la leçon ;
• la deuxième double page : **Donner des outils pour écrire**
– à gauche, une page consacrée au *Vocabulaire*, avec la liste des mots et expressions à réutiliser et 4 à 5 questions portant sur le lexique. Cela permettra à l'apprenant d'étoffer ses textes, de nuancer son expression, d'utiliser le mot juste dans les pages suivantes. Un point « Faits de langue », consacré à un point particulièrement intéressant ou difficile du français, se trouve en bas de page ;
– à droite, une page *Grammaire* où sont reprises, expliquées (ou rappelées) les principales difficultés grammaticales apparues dans le texte. Un second point « Faits de langue » termine cette page.
• la troisième double page : **Passage à l'expression écrite**

Ces deux pages *À vous d'écrire !* (1) et (2) sont entièrement consacrées à la production écrite. L'apprenant va réutiliser, avec ses propres mots et à des fins qui le concernent directement, tout ce qu'il a appris dans les pages précédentes. l'accent est toujours mis sur la nécessité pour l'apprenant d'exprimer un avis, une opinion, des sentiments personnels, engagés, et de les justifier.

Enfin, une petite rubrique, *Méli-mélo*, propose des expressions idiomatiques ou de petits jeux de langue illustrés, liés au thème de chaque leçon.

SOMMAIRE

UNITÉ 5 ⊙

INTRODUCTION

SOMMAIRE

ÉCRIRE POUR DÉNONCER UNE SITUATION, EXPLICITER UN JUGEMENT, JUSTIFIER UNE DÉCISION, EXPLIQUER UN MALENTENDU, PRENDRE EN COMPTE DES OBSERVATIONS, APPORTER DES PRÉCISIONS, RECTIFIER DES ERREURS

Dénoncer, se justifier, expliquer, préciser, rectifier... tous ces termes renvoient au champ lexical du texte polémique.

Tout discours polémique implique un dialogue réel ou implicite entre deux ou plusieurs intervenants. Il repose sur une base conflictuelle, mais pas forcément agressive ou insultante.

Le discours polémique peut apparaître dans tous les genres : préfaces, conférences, poèmes, romans, chroniques théâtrales, correspondances privées, lettres d'opinion publiées dans un journal, etc.

Il fonctionne souvent « à chaud ». C'est une prise de parole qui dénonce une injustice, explicite des malentendus, conteste une affirmation...

Le texte polémique ne propose pas de stratégies qui lui soient propres, mais il reprend souvent certains types de réactions : des **démentis**, des **réfutations**, des **contestations**, des **rectifications**...

• Le démenti

Le démenti correctif oppose à une proposition fausse la proposition que l'on juge vraie.

• La réfutation

C'est un démenti qui apporte des preuves justifiées par des arguments.
Ce que vous dites est faux, et je peux vous le prouver.

• La contestation

Elle met en doute la validité des propos tenus. Contester, c'est s'opposer à ces propos, dire qu'on n'est pas d'accord.

Dans le discours polémique, l'énonciateur a une autorité qu'il possède naturellement : il est professeur, chercheur, médiateur ou une autorité qu'il se donne ; il est, par exemple, lecteur d'un journal ou il est aussi celui qui paye et attend donc, en retour, un service qu'il peut juger, dénoncer s'il ne le satisfait pas.

Des procédés de mise en place de cette autorité apparaissent dans le choix des verbes introducteurs, des adjectifs, des adverbes, des négations, du mode des verbes...

Il est faux de prétendre que... / Je m'étonne que... / Je ne comprends pas que... / Il n'est pas vrai que...

Je reproche sévèrement à... / Je n'arrive pas à croire que... / Je déplore que...

• **La prise en compte** de certaines observations, **les précisions** apportées, **les rectifications** relèvent également du texte polémique. Mais ils sont l'autre face, ils répondent aux démentis, à la contestation, à la réfutation.

■ **OBJECTIFS FONCTIONNELS :** Écrire pour dénoncer une situation – Répondre pour se justifier.

■ **LEXIQUE :** La santé, le milieu hospitalier.

■ **GRAMMAIRE :** Expression de l'objection – Révision des connecteurs temporels.

■ **FAITS DE LANGUE (1) :** Noms terminés en -ent, -ant.

■ **FAITS DE LANGUE (2) :** *Maltraiter, médire, mésestimer.*

Élisa Bertin écrit à la direction de la maison de retraite où se trouve sa mère. Elle lui rend visite régulièrement et constate de nombreux dysfonctionnements. Elle dénonce la situation et exige des explications.

Elisa Bertin
12 bis, rue Henri Bruneau
77000 Melun

Monsieur le Directeur
Les Rayons d'Or
77540 Villeneuve

Melun, 30/09/2008

Objet : demande d'enquête sur un incident

Monsieur le Directeur,

Je voudrais porter à votre connaissance les faits suivants. Ma mère, Marcelline Jousse, est résidante dans votre maison de retraite depuis cinq ans. Âgée aujourd'hui de 92 ans, elle se déplace avec difficulté et est physiquement dépendante mais je tiens à vous signaler qu'elle a gardé toute sa tête.

Lorsque je suis allée la voir le 25 septembre dernier, comme je le fais chaque dimanche, elle se plaignait d'avoir mal à l'épaule. J'ai soulevé son gilet et j'ai constaté qu'elle avait un énorme hématome. Prise de doutes, j'ai vérifié et en ai relevé différents autres, sur la cuisse et sur la hanche droites, à la cheville et au coude gauches. Quand je lui ai demandé comment c'était arrivé, elle n'a rien voulu me répondre, se contentant de murmurer : « Ils sont méchants ». J'ai été surprise car, depuis qu'elle vit aux *Rayons d'or*, c'est la première fois qu'elle se plaint du personnel soignant.

L'infirmière-chef, à qui j'en ai parlé, m'a expliqué que, l'avant-veille, elle était tombée de son lit. J'ai objecté que, visiblement, rien n'avait été fait pour vérifier qu'il n'y avait ni cassure ni fêlure et que, d'autre part, personne ne lui avait passé de pommade, crème ou liniment, bref quelque chose pour atténuer la douleur. Ce à quoi elle a soutenu que si, que ma mère avait été frictionnée avec du *Synthol*, ce que celle-ci dément formellement. J'ai fait remarquer qu'il était difficile de croire qu'une seule chute ait pu occasionner des hématomes multiples ; l'infirmière-chef est alors montée sur ses grands chevaux, m'accusant de la traiter de menteuse.

Mercredi, comme je n'étais pas tranquille et que ma mère ne répondait pas au téléphone, je suis allée d'un coup de voiture voir comment elle allait. Il était midi ; je l'ai

● ● ●

●●●

trouvée ni lavée, ni coiffée, ni habillée et elle m'a dit que personne n'était venu lui faire sa toilette depuis la veille. En outre, sa chambre n'avait pas été faite ; le désordre était indescriptible et le plateau du petit-déjeuner traînait encore sur la table de nuit. Le pansement à sa jambe (elle souffre d'un ulcère) n'avait pas été changé depuis au moins deux jours. Ma mère m'a dit que, sauf le dimanche, jour habituel de ma visite, c'était toujours comme ça mais qu'elle n'avait jamais voulu rien dire pour « ne pas faire d'histoires ». Et elle a répété : « Tu sais, ils ne sont pas gentils ».

Devant mes protestations, l'infirmier de garde, ce jour-là, a prétendu que ma mère était une personne difficile, qu'elle se plaignait de tout et de rien, sans raison, et il a conclu en disant : « Vous savez, les vieilles personnes racontent n'importe quoi. Elles sont toutes un peu paranos. S'il fallait croire tout ce qu'elles disent ! »

Pourriez-vous, Monsieur le Directeur, faire une enquête pour savoir ce qui s'est réellement passé et, plus généralement, exiger de votre personnel soignant davantage d'égards envers les résidants. Faute de quoi, je me verrai dans l'obligation de porter cette affaire devant la justice.

Je vous prie, Monsieur le Directeur, d'agréer l'expression de mes sentiments distingués.

1 ■ Répondez par VRAI, FAUX ou ON NE SAIT PAS ?

	VRAI	FAUX	ON NE SAIT PAS
a) Selon l'infirmière-chef, la chute de madame Jousse a eu lieu le 24 septembre.	❑	❑	❑
b) L'infirmier de garde met en doute la parole des résidants.	❑	❑	❑
c) Le directeur de cette maison de retraite a été nommé récemment.	❑	❑	❑
d) Les visites dans les maisons de retraite sont autorisées jusqu'à 22 h.	❑	❑	❑
e) Madame Bertin soupçonne le personnel soignant de négliger les personnes âgées.	❑	❑	❑

2 ■ Comment, dans le contexte, comprenez-vous les expressions :

a) Je n'étais pas tranquille = ...

b) Aller quelque part d'un coup de voiture = ...

c) Monter sur ses grands chevaux = ...

d) Faire des histoires = ...

3 ■ Reprenez le dialogue, entre madame Bertin et l'infirmière-chef, au discours direct.

Mme Bertin : ....

L'infirmière-chef : ....

Mme Bertin : ....

L'infirmière-chef : ....

Mme Bertin : ....

L'infirmière-chef : ....

4 ■ Cherchez, dans ce texte, un équivalent de :

a) diminuer, calmer = ...   b) provoquer = ...   c) sinon = ...

5 ■ Pourquoi a-t-on utilisé « si » et non « oui » dans « Elle a soutenu que si ? »

....

Milieu hospitalier, maisons de retraite, soins...

Des noms

une personne âgée

une maison de retraite – les résidants (ou résidents)

le personnel soignant (un médecin, un infirmier, une infirmière, un(e) aide-soignant(e))

un hématome (en français familier = un bleu) – une pommade, une crème, un liniment (plus rare) – un pansement

une cassure, une fêlure – un ulcère – la douleur

la toilette (attention, ne confondez pas *la toilette* et *les toilettes*)

une chute (attention : la « tombée » ne s'utilise que dans *la tombée du jour, la tombée de la nuit*)

Des verbes

se plaindre de + nom, + infinitif ou que + subj.

se casser, se fêler la cheville

frictionner quelqu'un

souffrir de quelque chose (ou de quelque part)

Le vocabulaire du corps

L'ÉPAULE
LE BRAS
LE COUDE
LA HANCHE
LA CUISSE
LA JAMBE
LA CHEVILLE

Des expressions

avoir toute sa tête = jouir de toutes ses facultés mentales (≠ perdre la tête, perdre la raison)

avoir des égards, de la considération pour quelqu'un

faire la chambre (= ranger, nettoyer) – faire la toilette de quelqu'un (= laver quelqu'un)

traiter quelqu'un de + adjectif

Attention : ne confondez pas *passer une, de la pommade à un malade*

Des adjectifs

(être) dépendant physiquement (≠ valide)

(une personne) difficile

■ **6** ■ *Les différents sens du mot* retraite. *Reformulez les phrases suivantes avec vos propres mots.*

a) Chaque année, il fait une *retraite* de deux semaines au monastère Saint-Paul.

b) Quand pensez-vous prendre votre *retraite* ?

c) Lors de la *retraite* de Russie, en 1812, Napoléon a perdu des milliers de soldats.

d) L'ours avait trouvé une *retraite* sûre, en plein milieu des bois.

e) À dater du 1er juillet, les *retraites* connaîtront une hausse de 2,5 %.

■ **7** ■ *Les mots du corps... À votre avis, quel est le sens des mots soulignés ?*

a) Quand j'ai eu ces difficultés, j'ai été bien épaulé par ma famille.

b) Elle a toujours été entêtée.

c) Elle aimait rester là, accoudée à la fenêtre.

d) Ils se tenaient étroitement embrassés.

■ **Faits de langue (1)**

Remarque : vous trouverez *les résidents* ou *les résidants*. Les deux orthographes sont acceptées, sans qu'il y ait une réelle différence de sens (= ceux qui résident, qui habitent dans un pays, dans un lieu).

GRAMMAIRE DE LA PHRASE, GRAMMAIRE DU TEXTE

1. Objecter quelque chose

On reprend les paroles de quelqu'un et on formule une objection, on marque son désaccord.
Par exemple :

Certes, vous me dites que vous avez soigné ma mère. *Mais* comment se fait-il alors que… (comment expliquez-vous que…).

Vous me dites que… *mais* j'aimerais savoir pourquoi, alors,…

Je conçois volontiers que… *mais* je vous ferai quand même remarquer que…

J'admets que… (Je ne nie pas le fait que…) mais cela n'explique pas que…

2. Démentir quelque chose, opposer un démenti, protester

Par exemple :

C'est totalement faux ! C'est faux, archi-faux ! Vous vous trompez du tout au tout.

Mais il n'en a jamais été question ! – Mais ce sont des contes à dormir debout !

Jamais de la vie ! Contrairement à ce qu'on a pu vous raconter,…

Vous ne pensez tout de même pas que…

3. Insister

Par exemple :

Mais enfin, vous savez bien que… (vous n'êtes pas sans savoir que… vous n'ignorez pas que…)

■ **8** ■ *Classez les démentis suivants en deux catégories : nets, vigoureux / mesurés, diplomatiques.*

a) Je crains que vous n'ayez été induit en erreur.

b) Jamais de la vie ! Je n'en ai pas l'intention.

c) Ce ne semble guère à l'ordre du jour.

d) Vraiment ? Vous en êtes sur ? Je ne suis pas au courant. Désolé !

e) Je tiens à démentir formellement cette rumeur.

f) Mais c'est idiot ! On t'a mené en bateau, mon pauvre ami.

4. Se situer dans le temps (rappel)

RÉFÉRENCE : AUJOURD'HUI	RÉFÉRENCE : UN AUTRE MOMENT DU TEMPS
La semaine dernière	*Une semaine plus tôt*
Il y a trois jours	*Trois jours plus tôt, trois jours avant*
Avant-hier	*L'avant-veille*
Hier	*La veille*
Aujourd'hui	*Ce jour-là*
Demain	*Le lendemain*
Après-demain	*Le surlendemain*
Dans trois jours	*Trois jours plus tard, trois jours après*
La semaine prochaine	*La semaine suivante*

■ **9** ■ *Reprenez les éléments de la lettre de Madame Bertin. Le 1ᵉʳ novembre 2008, elle se décide à alerter la revue BIEN VIVRE sur ce qu'elle a constaté. Elle raconte les faits avec précision et dans l'ordre chronologique. Attention, votre point de référence est le 25 septembre 2008.*

> *Le dimanche 25 septembre, comme tous les dimanches, je suis allée voir ma mère. Ce jour-là…*

■ **Faits de langue (2) :** *maltraiter* est le seul verbe ainsi construit (préfixe **mal-** + infinitif, en un seul mot). Attention ! le verbe *« bientraiter »* n'existe pas. D'autres verbes existent avec le préfixe *mau-* (*maudire*) ou *mé-, més-* (*médire, mécontenter ; mésestimer*). *Mau-, mé-* ou *més-* ont tous trois le sens de *mal.*

■ **10** ■ *Vous êtes l'infirmière-chef.*

***Vous utilisez votre droit de réponse pour contester ce que dit Mme Bertin à propos de la maison de retraite** Les Rayons d'Or. **Vous adressez votre lettre à la revue** BIEN VIVRE.*

Exemples d'arguments :

1) Depuis des années, c'est la première fois que Madame Jousse se plaint.

2) La chaleur la rend toujours agitée, nerveuse.

3) Elle refuse qu'on installe des barreaux à son lit pour l'empêcher de tomber.

4) Après sa chute, Mme Jousse n'a rien dit.

5) On lui a proposé de passer une radio, elle a refusé.

6) La maison de retraite est en sous-effectifs, le mercredi surtout.

7) Le ménage est fait tous les jours entre 9 h et 13 h.

8) Ce jour-là (le mercredi 28), la femme de ménage était malade, deux aides-soignantes sur quatre aussi.

9) Mme Bertin est bien connue pour son goût des dénonciations.

10) Les vieilles personnes ont une peau fragile qui se marque très facilement.

À vous de trouver d'autres arguments.

Classez vos différents arguments et présentez-les dans votre réponse en réutilisant le vocabulaire du démenti, de la justification.

Une lectrice, Madame Bertin, a porté, contre la maison de retraite, Les Rayons d'Or, des accusations graves que je ne peux pas laisser sans réagir, en tant qu'infirmière-chef de cet établissement. Je fais donc usage ici de mon droit de réponse.

■ **11** ■ *Regardez ces six vignettes. Elles concernent toutes ce qu'il ne faut pas faire lorsqu'on s'occupe de personnes âgées en institution. Vous êtes le nouveau directeur de la maison de retraite Les Rayons d'Or. À partir de ces différents cas, rédigez une lettre circulaire à destination du personnel soignant.*

MÉLI-MÉLO

...Mais [KESKIDIZ] !!!

a) Traduisez ces locutions en français standard.

1) – Tais-toi un peu ! Tu me casses les pieds !
   – C'est TOI qui me dis ça !!? TOI, le roi des bavards ! C'est vraiment l'hôpital qui se moque de la charité !

2) – Elle est venue me voir hier après-midi et elle m'a tenu la jambe deux heures ! Quel moulin à paroles ! J'ai cru qu'elle ne s'en irait jamais !

3) Quand tu auras fini de te tourner les pouces, tu pourras peut-être me donner un coup de main ? Si ça ne te fatigue pas trop...

4) Il n'a jamais eu d'égards pour personne. Il a toujours traité les gens par dessus la jambe, avec une désinvolture !!

b) À quelle expression correspond le dessin ?

....

....

....

D'ACCORD OU PAS D'ACCORD?

■ **OBJECTIFS FONCTIONNELS :** Expliciter un jugement – Justifier une décision.

■ **LEXIQUE :** Les cours et examens universitaires.

■ **GRAMMAIRE :** Expression de la concession – Expression de l'obligation.

■ **FAITS DE LANGUE (1) :** La lettre Œ.

■ **FAITS DE LANGUE (2) :** *quoique / quoi que.*

Monsieur Gruber, professeur de littérature comparée, a rendu les partiels du second semestre (licence deuxième année).

Appréciation écrite par le professeur sur la copie d'une étudiante.

Note : 8/20

Votre travail n'est pas sans mérite mais vos connaissances souvent trop superficielles et votre argumentation un peu faible, en particulier dans la dernière partie.

Votre conclusion -pour le moins expéditive !- serait également à revoir.

Attention à votre bibliographie : la manière de présenter les articles et les ouvrages diffère.

Réaction de l'étudiante

Cette étudiante, Charlotte B., conteste la note qu'elle a obtenue. Elle écrit une lettre au professeur pour lui demander de bien vouloir reconsidérer sa copie. Elle la lui renvoie dans l'espoir qu'il acceptera de la relire. Elle est prête à améliorer son travail et à en reprendre certaines parties.

Réponse du professeur

Grenoble, 29 mai

Mademoiselle,

Bien que ce ne soit guère l'usage et que je n'y sois nullement tenu, je veux bien vous donner quelques explications à propos de votre note.

Je conçois votre déception et comprends bien que vous ayez été pénalisée par votre état de santé ce jour-là mais je suis, en revanche, un peu surpris que vous m'accusiez, même à mots couverts, d'injustice. Les deux camarades que vous mentionnez ont fait un travail plus construit que le

● ● ●

vôtre et, pour Bruno T., en particulier, beaucoup plus fouillé et mieux argumenté. Je voudrais aussi vous rappeler qu'ils ont suivi le cours avec la plus grande régularité tout au long du semestre, ce qui n'a pas toujours été votre cas, quoi que vous en disiez.

Mon appréciation de votre travail était en fait plutôt bienveillante : je n'ai pas insisté sur certaines erreurs graves. Par exemple, vous attribuez à Manzoni une œuvre de Leopardi, vous vous trompez – et lourdement ! – sur les dates d'ouvrages longuement étudiés dans le cours (L'Émile, de Jean-Jacques Rousseau et Les Noces de Figaro, de Beaumarchais), les malheureux frères Grimm deviennent sous votre plume Grime…

Si je note, par ailleurs, que votre dernière partie est peu argumentée, c'est que vous reprenez, avec d'autres mots, l'essentiel de ce que vous avez dit plus haut. Comme je vous l'ai répété tout au long du semestre, un texte doit progresser. PROGRESSER !

De même, j'ai insisté à différentes reprises sur l'importance de la conclusion. La vôtre n'ouvre sur aucune problématique, elle est parfaitement redondante par rapport à votre dernière partie.

D'autre part, comme je vous l'indiquais sur votre copie, faites attention à la manière dont vous présentez votre bibliographie. Ce n'est pas sans importance. Reportez-vous aux indications que j'ai données en début de semestre. Et dans l'ordre alphabétique, H vient après G !

Je vous signale enfin que, contrairement aux devoirs ou dossiers réalisés au cours du semestre, il n'est pas possible de refaire un partiel final. Je vous rappelle que les rattrapages pour cette session ont lieu le 18 septembre à 10 h, en salle B 346.

Cordialement

▨ **1** ▨ *En général, en France, les professeurs doivent-ils expliciter leurs notes ? Justifiez votre réponse par une phrase de cette lettre.*

....

▨ **2** ▨ *Comment comprenez-vous : « …pénalisée par votre état de santé ce jour-là » ?*

....

▨ **3** ▨ *Pourquoi M. Gruber refuse-t-il de réévaluer cette copie ?*

....

▨ **4** ▨ *Sur quoi portent les critiques du professeur ?*

....

....

▨ **5** ▨ *Cherchez dans la lettre un mot synonyme de :*

a) l'habitude = ...

b) je comprends = ...

c) se dérouler, se passer = ...

▨ **6** ▨ *Quel est le sens de* parfaitement *dans : « …elle est parfaitement redondante par rapport à votre dernière partie » ?*

....

DES MOTS POUR LE DIRE

À l'université...

Des noms

un devoir – un dossier – une copie (= un travail écrit)
un partiel (= un examen en fin de semestre)
une note – une bonne note, une note moyenne, une mauvaise note
un cours – une salle de cours
une appréciation, un commentaire – une problématique
un article (de journal, de revue) – un ouvrage (= un livre) – une œuvre (= l'ensemble des ouvrages d'un auteur)
un rattrapage (= possibilité de repasser l'examen afin d'obtenir une meilleure note) – une session d'examen
une bibliographie

Des verbes

noter quelque chose
reprendre un travail (= recommencer)
reconsidérer un travail, une note
pénaliser quelqu'un (= désavantager)

Des adjectifs

un travail expéditif (= trop rapide)
superficiel (≠ fouillé, approfondi)
un travail argumenté, construit
redondant (= répétitif)

■ **7** ■ *Des expressions comprenant le mot : ŒUVRE. Cherchez, dans le dictionnaire, le sens exact des mots et expressions suivants :*

a) la main d'œuvre = ...

b) les hors d'œuvre = ...

c) un chef d'œuvre = ...

■ **8** ■ *Expliquez le sens des mots suivants :*

a) – Il a rendu **copie blanche** à son examen de géologie.
– Votre travail n'a aucune originalité. C'est **une simple copie** du livre de M. Hamon.

b) – **Vous avez bien noté** que les bureaux ferment à 16 h ?
– **Il note** toujours très sec.

c) – Trois **articles** à 11,50, ça vous fait 34,50 euros.
– Vous avez oublié d'indiquer les références (date, maison d'édition…) de cet **article**.

■ **Faits de langue (1) : la lettre Œ (= « e dans l'o »)**
un œuf – l'œil, une œillade (= un clin d'œil, un coup d'œil complice, qui cherche à séduire), avoir des œillères (= des idées étroites) – un bouquet d'œillets – un bœuf – « qui vole un œuf vole un bœuf » – ma sœur – faire un vœu – un vœu pieux (= un souhait qui a peu de chance de se réaliser) – un nœud

Attention, cette lettre se prononce [œ] lorsqu'elle est suivie d'une consonne sonore (*une sœur, un œuf, un bœuf, un œil, une œuvre…*) ou [Ø] lorsqu'elle est en finale ou suivie d'une consonne muette (*un vœu, un nœud*).

Attention à la prononciation : *un œuf, un bœuf* [œf, bœf] mais *des œufs, des bœufs* [dezØ, debØ].

GRAMMAIRE DE LA PHRASE, GRAMMAIRE DU TEXTE

1. L'expression de la concession
Je ne suis pas obligé de répondre à votre lettre…
– La première proposition nous incite à supposer une conséquence, une conclusion logique (*donc, je ne répondrai pas…*)
*je le ferai **quand même**, à titre exceptionnel.*
– La seconde proposition est contraire à ce qu'on attendrait logiquement.

Rappel : la concession et l'opposition sont deux opérations logiques différentes. Observez :
Julia n'est pas satisfaite de ses notes alors que Bruno est très content.
L'**opposition** est ici explicite et les éléments s'opposent deux à deux (*Julia/Bruno – pas satisfaite/content*)
Julia n'est pas satisfaite de ses notes mais elle n'ose rien dire à son professeur.
La relation est ici une relation de **concession** : on attendrait logiquement que Julia, mécontente, aille voir son professeur. Or, elle ne le fait pas.
Quelques manières d'exprimer la concession :
– *Elle mange peu **mais, pourtant, cependant, toutefois, néanmoins** elle grossit.*
– ***Même si** elle mange peu, elle grossit.*
– *Elle mange peu, elle grossit **quand même**.*
– ***Elle a beau** manger peu, elle grossit.*
– ***Bien qu'/Quoiqu'**elle mange peu* (attention : subjonctif !), *elle grossit.*

■ 9 ■ *Dans les trois phrases suivantes, la relation est-elle d'opposition ou de concession ?*
a) Pendant que toi, tu faisais la sieste, moi, j'ai passé l'après-midi à ranger l'appartement.
b) Elle était furieuse ; n'empêche qu'elle n'a rien osé dire.
c) J'ai eu beau lui expliquer ses erreurs, elle est persuadée d'être géniale !

■ 10 ■ *Formulez de trois manières différentes cette phrase :* «*Bien que ce ne soit guère l'usage, je veux bien vous donner quelques explications*».
a) ....
b) ....
c) ....

2. L'expression de l'obligation
Les verbes le plus fréquemment utilisés sont DEVOIR : *Vous devez vous présenter le 18 septembre, à dix heures.* et IL FAUT QUE + subjonctif (ou : Il vous faut + infinitif).
Mais il y a d'autres manières d'exprimer cette relation logique :
Vous êtes dans l'obligation de… ; vous avez pour obligation de…
Vous êtes tenu(e) de…
Vous avez à… ; vous aurez à…

■ 11 ■ *À partir de cet avis, rédigez une phrase exprimant l'obligation.*

CONVOCATION AU PARTIEL DU COURS DE PHILOLOGIE FRANÇAISE
Le 26/01/08 à 8 h précises - salle B 322 - Aucun document autorisé

■ Faits de langue (2)
Attention à la différence entre : *quoique* (= bien que) et *quoi que* (quelle que soit la chose que).

■ **12** ■ *Relisez attentivement la lettre du professeur Gruber pages 14-15. Elle vous donne certaines indications sur le contenu probable de la lettre de Charlotte.*

Vous êtes Charlotte. Écrivez la lettre qu'elle a adressée à son professeur pour lui demander de réévaluer sa note.

Grenoble, 25 mai

Monsieur le Professeur,

....
....

En effet, ...
....

Vous avez sans doute constaté que, le jour du partiel, ...
....

D'autre part, ...
....
....
....

D'ailleurs, ...
....
....

Dans l'espoir que vous accéderez à ma demande, je vous prie d'agréer, Monsieur le Professeur, mes salutations très respectueuses,

Charlotte B.

À VOUS D'ÉCRIRE (2)

■ **13** ■ *Vous êtes étudiant(e) en Master à l'université. Choisissez la discipline que vous connaissez le mieux (lettres, sciences humaines, sciences sociales, sciences de la terre…).*

La situation : au second semestre, vous avez à travailler sur un dossier dans le cadre de vos études. Le professeur vous a donné la possibilité de faire ce travail seul ou à deux ; un(e) étudiant(e) vous propose par mail de faire équipe avec vous.

Vous avez déjà travaillé avec lui/elle au premier semestre et cette collaboration ne vous a pas enthousiasmé(e). Vous n'avez pas envie de recommencer l'expérience.

Vous lui répondez en refusant sa proposition et en justifiant (diplomatiquement !) votre réponse.

MÉLI-MÉLO

À quelle expression correspond le dessin ?

Quand elle m'a proposé de faire équipe avec moi,

*je n'ai fait **ni une ni deux** ! J'ai **pris le taureau***

*par les cornes** et je lui ai répondu **du tac au tac**.*

Pas question de retravailler avec elle !

*Une fois, ça suffit. **Je m'en suis bien mordu les doigts**.*

*Et depuis, **j'ai vraiment une dent contre elle** !*

*D'ailleurs, **elle tape sur les nerfs** de tout le monde !*

LE MÉDIATEUR RÉPOND

- ■ **OBJECTIFS FONCTIONNELS :** Écrire pour expliquer un malentendu – Prendre en compte des observations, apporter des précisions, rectifier des erreurs.

- ■ **LEXIQUE :** Le monde du journalisme : les journalistes, les lecteurs et le médiateur.

- ■ **GRAMMAIRE :** Le subjonctif dans la phrase – Les anaphores et la structuration du texte.

- ■ **FAITS DE LANGUE (1) :** Quelques fautes d'orthographe à corriger.

- ■ **FAITS DE LANGUE (2) :** Le verbe *interpeller*.

Chaque journal réserve, au moins, une fois par semaine, un espace consacré à une réponse du médiateur et aux lecteurs du journal.

Les lecteurs cette semaine semblent s'être donné le mot pour laisser libre cours à leur esprit critique. Qu'il s'agisse de politique, d'économie, de faits de société, de mode, de gastronomie, de cinéma, de loisirs, de sport, rien ne trouve grâce à leurs yeux.

Ainsi de nombreux lecteurs habitant la banlieue nous reprochent de ne pas avoir rendu compte d'« *événements graves* » survenus dans la nuit de vendredi à samedi, la semaine dernière. « *Des affrontements violents entre des jeunes et des policiers ont fait de nombreux blessés dans notre cité sans que cela semble avoir ému la presse nationale. Fallait-il qu'il y ait des morts pour qu'un de vos reporters vienne sur place et que ces événements aient droit à la une ?* » nous écrivent-ils.

À la décharge de notre journal, on pourrait rétorquer que l'information n'a été diffusée ni par les agences de presse ni par les radios. Par ailleurs, l'actualité très riche de cette semaine ne permettait pas de reprendre ce qui aurait pu être, il est vrai, en temps normal, un scoop. Cependant nos lecteurs devraient reconnaître qu'une fois les faits connus et vérifiés, nous avons donné l'information, même si au bout d'une semaine il est difficile d'enquêter sérieusement et d'avoir des témoignages précis.

Une autre critique revient souvent ; on juge sévèrement nos positions politiques. Mais ces reproches manquent un peu de cohérence. En effet, si certains trouvent que nous prenons systématiquement le contre-pied des décisions du gouvernement, d'autres condamnent notre « *sympathie affichée* » pour les thèses gouvernementales tandis que d'autres encore nous accusent d'une neutralité qui ne les satisfait pas du tout. Alors, chers lecteurs, vous devriez accorder vos violons. À quelles critiques devons-nous répondre ? L'essentiel est que vous puissiez vous exprimer, même si c'est dans la cacophonie.

Quelques lettres indignées attaquent notre chroniqueur sportif. Celui-ci, en effet, a écrit un papier élogieux sur un jeune prodige de la corrida. Et voilà que se déchaînent les adversaires de la corrida. « *Qu'il crève, ce matador que votre journaliste ose appeler l'Ange ! Pour moi, c'est plutôt l'Ange de la mort* » nous écrit M. X de Nîmes. De grâce, M. X, un peu de pitié pour cet homme qui risque sa vie dans l'arène ! De plus, vous ne

● ● ●

●●●

pouvez empêcher d'autres lecteurs d'être d'un avis différent du vôtre, notre courrier en témoigne largement.

Plusieurs abonnés nous menacent de se désabonner si nous nous transformons en presse « *people* », passionnée de faits divers. C'est l'article, consacré à l'extravagante héritière d'une chaîne d'hôtels et à ses démêlés avec la justice qui provoque cette colère et ces menaces. « *Il ne manquerait plus que vous deveniez un journal à sensation avec du sang à la une** » ajoute M. W de Versailles.

Qu'un tel article puisse choquer ne nous étonne pas. Mais l'intérêt que suscitent des personnages de ce genre, représente pour nous un véritable fait de société. N'importe quel sociologue vous le dirait.

Enfin, dernière série de critiques. On s'étonne de voir apparaître dans nos colonnes des fautes d'orthographe, des erreurs historiques… Et on nous interpelle : « *Depuis quand, Louis XIII est-il mort en 1634 ? Il restait à ce malheureux au moins une dizaine d'années à vivre.* » « *Depuis quand écrit-on* *Quand à, *et* *il résoud *avec un « d » final ? Depuis quand écrit-on* *apartement *avec un seul « p ». Vite, vite, à vos grammaires et à vos dictionnaires, messieurs, mesdames les journalistes !* »

Eh bien, je vais faire un aveu à ces censeurs sans pitié. Pour des raisons économiques, nous avons perdu la moitié des effectifs de nos correcteurs. De nombreuses copies ne sont pas relues et donc, de nombreuses coquilles* s'y retrouvent. Mais, heureusement, chers abonnés, vous êtes là pour nous remettre dans le droit chemin de la correction orthographique et grammaticale.

> * **du sang à la une** = des articles de première page consacrées à des faits divers violents.
> * **une coquille** = faute typographique.

■ **1** ■ *Quelles sont les rubriques abordées par les lecteurs ?*

....

■ **2** ■ *Quel sens donnez-vous aux expressions suivantes :*

a) « Rien ne trouve grâce à leurs yeux. »

b) « Nous prenons le contre-pied des décisions du gouvernement. »

■ **3** ■ *Un journal a défini ainsi le rôle du « médiateur » : « Le médiateur est à la fois un réceptionniste, un intermédiaire et une sorte de juge de paix. »*

a) À votre avis, en quoi est-il un réceptionniste, un intermédiaire, un juge de paix ?

....

b) Le texte ci-dessus vous semble-t-il bien remplir ce rôle ?

....

■ **4** ■ *Une coquille, **au sens figuré**, est une faute typographique, une lettre à la place d'une autre. En vous appuyant sur cette définition, trouvez-vous que le médiateur ait utilisé ce mot correctement ?*

....

La presse

Des noms	**Des verbes**

Des noms

la presse – un journal – la presse à sensation
une agence de presse
un(e) journaliste – un rédacteur – un reporter – un chroniqueur – un envoyé spécial – le médiateur, la médiatrice –
la rédaction – le correcteur
un article – une rubrique – une colonne – la une –
une information – un scoop – un fait divers
les lecteurs – un(e) abonné(e) – un abonnement

Des verbes

écrire – informer – rendre compte –
reprendre une information – enquêter

Des adjectifs

(la presse) nationale, régionale, locale,
« people » – (un journaliste) parlemen-
taire, politique, scientifique, sportif

Des expressions

donner, laisser libre cours à (= ne pas contenir, ne pas retenir)
accorder ses violons (= se mettre d'accord)

■ **5** ■ *Quelle différence voyez-vous entre :* rendre compte *et* se rendre compte.

....

■ **6** ■ *Quel est le nom formé sur le verbe :* rendre compte ? *Utilisez-le dans une courte phrase.*

....

■ **7** ■ *Qu'est-ce que* la presse « people » ?

....

■ **8** ■ *Complétez ce texte en utilisant les mots suivants :* agence, fait divers, presse, scoop, une.

L'assassinat d'un ministre constitue plus qu'une banale information, qu'un simple .... ; c'est

pourquoi, il occupe la .... de l'ensemble de la .... C'est un véritable ....,

transmis par toutes les ....

■ **9** ■ *Barrez l'intrus.*

médiation – médiateur – intermédiaire – médire – médiatrice

■ **10** ■ *Trouvez, dans le texte, des expressions ayant le même sens que :*

Les lecteurs <u>ont critiqué</u> l'appui que nous avons apporté à cet homme politique (attention aux changements
de constructions)

....

■ **11** ■ *Quel sens donnez-vous au mot « papier » dans les phrases suivantes :*

a) Ce livre a été imprimé sur un très beau *papier* bible.

b) « Présentez vos *papiers* ! » a ordonné l'agent qui venait de m'arrêter pour excès de vitesse.

c) Dans son dernier *papier*, le journaliste a fait une très bonne analyse du milieu politique de notre pays.

d) J'ai noté son numéro de téléphone sur un *papier* que je ne retrouve plus.

■ **Faits de langue (1)**

Les lecteurs ont relevé trois fautes dans les colonnes du journal. Pourriez-vous donner les formes correctes
de ces mots ?

....

1. Le subjonctif dans la phrase

Quelques structures grammaticales au subjonctif.

a) *Qu'il s'agisse de politique, d'économie, de gastronomie..., rien ne trouve grâce à leurs yeux.*
Que + subjonctif, ici, prend une valeur hypothétique, avec une légère valeur d'opposition (= S'il s'agit de politique ou d'économie..., rien ne trouve grâce à leurs yeux.)
(On peut comprendre aussi : *Quel que soit le sujet, politique, économie, art..., rien ne trouve grâce à leurs yeux.*)

b) *De violents affrontements ont fait de nombreux blessés...* **sans que cela semble** *avoir ému la presse nationale.*
Ici « sans que » a une valeur d'opposition (= *De violents affrontements ont fait des blessés... bien que cela ne semble pas avoir ému... ou bien que de nombreux affrontements aient fait des blessés... cela ne semble pas avoir ému...*)

c) *Fallait-il qu'il y ait des morts* **pour qu'un de vos reporters vienne** *sur place ?*
Il faut que + subj. ... pour que + subj. exprime une conséquence avec un résultat voulu.

d) *Qu'un tel article puisse vous choquer, ne nous étonne pas.* (= *Cela ne nous étonne pas qu'un tel article puisse vous choquer.*)
Dans la proposition subordonnée complétive, la conjonction « que » en tête de phrase demande généralement le subjonctif.
Il est évident que ce journal sera obligé de licencier pour continuer à paraître. → **Que ce journal soit obligé de licencier pour continuer à paraître, c'est évident.**

■ **12** ■ *Reconstruisez les phrases suivantes en utilisant les structures au subjonctif étudiées ci-dessus.*
a) Il est venu à la fête ; nous ne l'avions pas invité.
b) Tout homme peut trouver en lui du talent ; j'en suis persuadé.
c) On l'a condamné ; il fallait donc qu'il soit coupable !
d) S'il fait beau ou s'il fait mauvais, de toute façon, le mariage aura lieu dehors.
e) Elle est sortie ; on ne le lui avait pas permis.

2. Anaphores pronominales, nominales et progression du texte (rappel)

L'anaphore est une reprise d'un élément déjà évoqué dans le texte. Cette reprise permet de respecter la cohérence du discours.
On peut trouver plusieurs sortes d'anaphores. Par exemple :
– des anaphores fidèles qui sont la reprise du nom avec changement de déterminant.
Quand j'étais petite, j'avais une poupée ; cette poupée était ma seule confidente.
Pour éviter la monotonie des répétitions mot pour mot, on peut utiliser aussi :
– un pronom (personnel, démonstratif, indéfini, possessif...), un mot équivalent :
Charles Baudelaire naît à Paris en 1821. Il publiera en 1857 « les Fleurs du Mal ». Ce poète sera l'un des plus grands du XIXe siècle.
– une expression qui résume le contenu d'une phrase, d'un paragraphe :
Un homme s'est introduit dans nos bureaux la nuit dernière et a pris tous les ordinateurs. Ce vol n'est pas le premier du genre...

■ **13** ■ *Relisez le texte et identifiez toutes les anaphores du mot « lecteurs » :*
Exemple : *Les lecteurs cette semaine... De nombreux lecteurs...*

■ **Faits de langue (2)**
Une bizarrerie grammaticale et phonétique
Le verbe **interpeller** : lorsque ce verbe a une terminaison accentuée (au présent -ons, -ez), (à l'imparfait, -ais, -ais, -ait, -ions...), (au passé simple -ai, -as...), le « e » qui précède -ll, se prononce comme un « e » muet [ə], malgré la présence de cette double consonne : nous interpellons = [intɛrpəllons]. Ailleurs, ils se prononce e ouvert : j'interpelle = [intɛrpɛlle].

■ **14** ■ *Écrivez la lettre (page 21) du lecteur qui se plaint de voir son journal tomber dans les défauts de la presse « people », de la presse à sensation.*

Plan pour la progression de la lettre
- Abonné depuis longtemps.
- Grande confiance dans les analyses du journal.
- Centres d'intérêt : politique, économie, arts et spectacles.
- Oui, mais pas n'importe quel spectacle.
- Découverte avec stupéfaction, dans le journal, de sujets frivoles.
- Pourquoi aborder de tels sujets ?
  a) Recherche de nouveaux lecteurs ?
  b) Besoins économiques ?
- Incompréhension.
- Conclusion, mise en garde.

Monsieur,

....

....

....

....

....

....

....

....

....

....

....

....

....

....

....

....

....

....

....

....

À VOUS D'ÉCRIRE (2)

■ 15 ■ *Vous êtes le médiateur d'un journal et vous répondez au courrier des lecteurs.*

a) Une grande dame s'en est allée

Votre journal n'a consacré que quelques lignes à la disparition de la femme de l'ancien président Georges Pompidou. Et pourtant… Avec ce couple, le monde moderne avait fait son entrée sous les lambris poussiéreux de l'Élysée. M. et Mme P. étaient tous les deux des passionnés d'art contemporain, ils protégeaient les artistes, ils étaient de fins connaisseurs de notre époque, ce à quoi ne nous avaient pas toujours habitués les précédents présidents. Ils ont imprimé de profonds changements à la géographie artistique de la capitale.

b) Une époque qui disparaît

Votre journal s'est longuement penché sur la vie de Madame Pompidou qui vient de disparaître.
Cette mort nous renvoie à une époque catastrophique où soudain nous avons vu la voiture devenir le véhicule « roi », où les berges de la Seine étaient menacées d'être transformées en autoroutes, où des tours ont commencé à s'élever et à défigurer le paysage parisien ; une époque où des artistes contestables ont fait la loi et ont implanté en plein Paris une énorme usine… L'ancienne présidente était sans doute une femme de cœur, mais pas une femme selon mon cœur.

c) Encore le nucléaire

Je vous remercie d'avoir enfin ouvert vos colonnes à des scientifiques favorables au nucléaire. Cela montre un changement de votre attitude vis-à-vis de l'énergie nucléaire. J'espère que vous ouvrirez un débat sur ce sujet à la fois brûlant et important.

d) Européennement vôtre…

Parce que je suis une bonne européenne, je ne comprends pas le désir de nos gouvernants de voir s'élargir la communauté. Jusqu'où, jusqu'à quand ? Quelles sont les limites ? Votre expert en la matière ne se pose pas la question. Quel est votre sentiment sur cette question. On ne le sait pas. Vous êtes, paraît-il, un journal d'opinion… !!!!!

e) Vélo en liberté

Je suis tout à fait d'accord avec vous quand vous vous interrogez sur le devenir du vélo dans les grandes villes. Quel enthousiasme aujourd'hui, 15 juillet, dans une capitale vidée de ses habitants, sous un chaud soleil, quelle liberté ! Mais qu'en sera-t-il cet hiver, sous la pluie, sur les chaussées glissantes, dans les embouteillages qui ne diminuent pas ?

Quelques pistes pour la réponse du médiateur :

a) et **b)** Les lecteurs ne sont jamais d'accord, mais ils voudraient que leur avis l'emporte.

c) L'article écrit par une personne étrangère au journal n'engage pas le journal.

d) Nous avons une opinion. *(Imaginez l'opinion que pourrait avoir ce journal.)*

e) Le journal est partagé sur la circulation dans les villes.

MÉLI-MÉLO

Les homonymes

Sans nouvelles des randonneurs, les familles sont inquiètes. Une mère fait les **cent** pas devant le poste de secours ; elle **sent** que quelque chose de grave s'est passé. Les autres, silencieux, attendent. Soudain, un grondement annonce l'arrivée de l'hélicoptère qui dépose les jeunes gens enfin retrouvés ; ils sont épuisés, l'un boîte, l'autre a le pantalon couvert de **sang**, le dernier est allongé sur une civière, mais ils sont sauvés.

Sur ce modèle, écrivez un texte de 4 à 5 lignes en utilisant les homonymes suivants : *court, il court ou ils courent, cours, cour…*

Le préfixe mal

Associé à d'autres mots, il sert à former des adjectifs, des noms, des noms / adjectifs, des verbes, des adverbes. Le plus souvent, il est soudé au mot qui suit.

– Des adjectifs

maladroit ≠ adroit ; **mal**aisé ≠ aisé ; **mal**chanceux ≠ chanceux ; **mal**heureux ≠ heureux ; **mal**honnête ≠ honnête ; **mal**propre ≠ propre ; **mal**sain ≠ sain

malfaisant	= mauvais, méchant, nuisible	≠ **bien**faisant
malveillant	= méchant	≠ **bien**veillant
malintentionné		≠ être bien intentionné
malencontreux	= inopportun, déplacé.	

– Des noms

la **mal**adresse ≠ l'adresse ; le **mal**aise ≠ le bien-être ; la **mal**chance ≠ la chance ; la **mal**faisance ≠ la bienfaisance ; un **mal**faiteur = un criminel ≠ bienfaiteur = donateur ; une **mal**formation ; le **mal**heur ≠ le bonheur ; la **mal**honnêteté ≠ l'honnêteté ; la **mal**nutrition ≠ la nutrition ; la **mal**propreté ≠ la propreté ; la **mal**veillance ≠ la bienveillance

– Des noms / adjectifs

un **mal**heureux = un pauvre, un misérable ≠ un bienheureux = une sorte de saint ; un **mal**entendant = un sourd ; un **mal**voyant (= un aveugle ou quasi aveugle).

– Des verbes :

malmener ; **mal**traiter

– Des adverbes :

maladroitement ≠ adroitement ; **mal**honnêtement ≠ honnêtement ; **mal**heureusement ≠ heureusement ; **mal**encontreusement

Quelques remarques :

a) Le mot « mal » s'associe parfois à des mots qui n'existent pas.

Ainsi : **mal**veillant ≠ **bien**veillant est formé sur un mot **« veillant »* qui n'existe pas comme adjectif. C'est un participe présent, ce qu'on peut dire également de **mal**faisant ≠ **bien**faisant.

Le mot « intentionné » est cité par le dictionnaire, mais seulement avec : **mal**intentionné, bien intentionné. **On remarquera que l'antonymie dans ces mots est formé sur l'opposition : mal/bien, ce qui n'est pas le cas pour les autres : ainsi, maladroit s'oppose à adroit, malhonnête à honnête, malheureux à heureux,** etc., en effet, les termes « adroit, honnête, heureux, etc. » ont déjà une valeur positive.

Dans **mal**encontreux, *mal* est associé à un terme qui n'existe pas. C'est une transformation du mot : *rencontre*. L'antonyme sera : *opportun*.

b) Attention à la différence entre : **mal**propre et **im**propre. Ces deux préfixes donnent des sens différents aux deux adjectifs : malpropre = sale ; impropre = qui ne convient pas.

c) le mot *malgré* : est formé sur le préfixe « mal » et sur un mot vieilli « gré » qui signifie « ce qui plaît, ce qui convient ». Ce mot « gré » entre dans de nombreuses locutions. Cherchez dans le dictionnaire le sens des expressions suivantes :

Il faudra bien accepter cette solution bon gré, mal gré.
Tu feras ce que je te dis, de gré ou de force.
Je suis venu de mon plein gré.
Nous voguions au gré du vent.
Je vous saurai gré de bien vouloir répondre à ma demande.
On retrouve ce mot également dans le verbe « agréer ».

Bilan autocorrectif

Maintenant, vous savez…

A – Utiliser correctement les formules d'appel et les formules finales de politesse.

Vous vous adressez à…
(1) un avocat ; (2) votre amoureux/se ; (3) un copain d'enfance ; (4) une administration ; (5) le PDG de votre entreprise ; (6) un collègue de bureau.

■ 1 ■ Reliez. ... /3

a) Mon trésor,

b) Cher Maître,

c) Monsieur le Directeur,

d) Mon vieux Max,

e) Cher ami,

f) Madame, Monsieur,

1. Très amicalement.

2. Veuillez recevoir mes salutations.

3. Je vous prie d'agréer l'expression de mon très profond respect.

4. Veuillez agréer l'assurance de mes sentiments distingués.

5. Mille baisers, mon cœur.

6. Très cordialement.

B – Interpréter correctement les sentiments d'un correspondant.

■ 2 ■ Situation : l'envoi d'un bibelot commandé sur Internet ne correspond pas à l'annonce. L'acheteur envoie un message au vendeur. Notez ces phrases de 1 à 4, de la plus modérée à la plus virulente. ... /2

a) J'ai bien reçu votre paquet. L'objet ne correspond pas vraiment à la photo et son état n'est pas « parfait », comme vous le disiez. ☐

b) Je serais tenté de porter plainte car il y a, à mon avis, tromperie sur la marchandise : le bibelot que j'ai reçu est une vulgaire copie et non une pièce originale. ☐

c) Vous m'avez bien eu. Mais je ne suis pas de ceux qu'on berne impunément. Vous entendrez parler de moi, n'ayez crainte ! Ça ne se passera pas comme ça. ☐

d) Merci pour l'objet que vous m'avez envoyé qui, cependant, ne correspond pas tout à fait à la description que vous m'en aviez faite. ☐

■ 3 ■ Quelle phrase correspond le plus exactement aux paroles de la principale du collège ? ... /2

Madame Molineux, principale de collège, répond à la mère d'un élève qui s'est plainte.

« […] *Il n'est pas impossible que votre fils Alexis ait eu à subir des intimidations de la part d'autres élèves, comme vous le dites, même si personne, jusqu'à ce jour, ne s'est plaint de pareils agissements. Croyez bien que nous exercerons une vigilance accrue afin de les faire cesser, au cas où ils auraient réellement eu lieu.* »

a) Elle nie le fait qu'Alexis ait pu être victime de ses camarades de classe mais elle promet de vérifier.

b) Elle admet que c'est fort possible malgré la grande vigilance des professeurs et de l'administration.

c) Elle met en doute la parole du collégien même si elle reconnaît que ce qu'il dit n'est pas forcément faux.

d) Elle s'inquiète des agissements des collégiens à l'égard d'Alexis et promet qu'elle fera le nécessaire pour qu'ils cessent.

C – Utiliser le lexique de la protestation.

■ 4 ■ Chassez l'intrus. ... /2

a) *monter sur ses grands chevaux – reprocher – critiquer – blâmer – se plaindre – râler – planter*

b) *la désapprobation – le blâme – la résignation – la réprobation – l'exaspération – le mécontentement*

D – Utiliser à bon escient la plupart des conjonctions et les faire suivre du mode qui convient.

■ 5 ■ Indicatif ou subjonctif ? Entourez la bonne réponse. ... /5

a) J'ai écrit trois fois à mon prof sans qu'il *prend / prenne* la peine de me répondre.

b) J'ai obtenu une note très médiocre à mon partiel alors que mes copains en *ont eu / aient eu* une excellente.

c) Je veux bien revoir votre note à condition que vous *refaites / refassiez* votre travail.

d) J'ai refait mon commentaire de texte si bien que mon prof *a changé / ait changé* ma note.

e) Il a refusé de modifier ma note bien que je lui *ai écrit / aie écrit* pour lui expliquer que j'étais malade le jour de l'examen.

E – Rapporter un discours à une période du temps différente.

■ 6 ■ Passage au discours rapporté. ... /6

Le 1er novembre 2008, Marie est allée à Roissy chercher sa copine Laurie qui arrivait de Bangkok, où elle vit, pour passer quelques jours en France. Voici son programme :

« *Tu sais, je ne suis à Paris qu'aujourd'hui et demain. Après-demain, je dois aller à Zürich voir mon oncle Franck. Hier soir, quand j'ai quitté ma mère à Bangkok, elle m'a fait promettre d'y aller. C'est son frère préféré. Je reviens à Paris au début de la semaine prochaine* ».

En décembre, Marie raconte ce que lui a dit Laurie.

La dernière fois que j'ai vu Laurie, c'était vraiment en coup de vent ! Je me souviens, c'était le jour de la Toussaint, le 1er novembre. On était à Roissy (j'étais allée la chercher) et elle m'a expliqué qu'elle…

....

....

COMPTEZ VOS POINTS

De 15 à 20 : bravo ! Vous êtes excellent. Vous êtes prêt à protester contre tout et contre tout le monde.

De 10 à 15 : pas mal, pas mal ! Regardez ce qui va moins bien. Si c'est la grammaire, regardez à nouveau les pages *Grammaire* et *Vocabulaire* des leçons 2 et 3.

Moins de 10 : attention ! Refaites ces exercices en regardant les leçons de cette unité avec leur corrigé.

UNITÉ 2 – INTRODUCTION

DÉCRIRE UNE SENSATION, UNE IMPRESSION, UNE ÉMOTION, UN SENTIMENT

Sensation, impression, sentiment, émotion, ces quatre termes, bien que proches, ont chacun un sens qui leur est propre.
Les définitions que l'on va en donner sont les définitions les plus simples, les plus évidentes. C'est volontairement que l'on se tiendra à cette simplicité pour mieux faire comprendre la différence qu'il y a entre ces termes.

• **La sensation** est le résultat de notre perception du monde par nos cinq sens: la vue, le toucher, l'ouïe, le goût, l'odorat.
La sensation est physique, physiologique.

• **L'impression**, dit le dictionnaire, est une forme de connaissance immédiate et vague que l'on a d'un être, d'un objet, d'un événement. L'impression part de la sensation. Elle est le résultat de cette perception du monde. Le mot important dans la définition de l'impression, c'est le mot « vague ».
Je ressens comme une impression de malaise.
Ce malaise est-il réel? On ne le sait pas.
J'ai eu une impression de « déjà vu ».

• **Le sentiment** est quelque chose de plus intériorisé, d'affectif.
C'est un état psychologique et non pas physiologique.

• **L'émotion** est une sensation agréable ou désagréable, considérée du point de vue affectif: elle combine l'aspect physique de la sensation et le côté intérieur du sentiment.

Le vocabulaire de la sensation, du sentiment, de l'impression, de l'émotion est riche:
*On **tend l'oreille** et on **entend** le grincement de la porte…; on **distingue** le bourdonnement des abeilles, on **perçoit** le pas régulier d'un cheval.*
*Je **regarde** une fleur et **je vois** tout un monde…; **elle scrute** l'horizon pour **apercevoir** le bateau…*
*Elle **caressait** distraitement son chat qui **ronronnait** de plaisir.*
***Je sens** les odeurs les plus délicieuses: odeur de la fleur d'oranger, de l'œillet poivré.*
***Je sens** que ma serviette est en coton… **elle sent** le propre…*
*Dans l'amitié, on **éprouve un sentiment** d'intimité…*
*La **nostalgie** ressuscite un univers où **images, sons, odeurs, couleurs** se mêlent.*
*Est-ce **de la joie, de la tristesse, de la mélancolie**? C'est **le chagrin** intime que l'on ressent devant une perte…*

Pour en rendre compte, on peut utiliser plusieurs procédés:
• **Des comparaisons**:
*Le coup de foudre est **comme** un coup de tonnerre.*
*C'est **comme** une révolution qui s'opère en nous.*
• **Des images**: *En amour, les mélancoliques **s'enflamment**, les plus tristes **s'illuminent**.*
• **Des métaphores**: *le coup de foudre **est un cataclysme**.*

UN DÎNER INSOLITE

- ■ **OBJECTIFS FONCTIONNELS :** Décrire une sensation, une impression, un sentiment.
- ■ **LEXIQUE :** Les cinq sens.
- ■ **GRAMMAIRE :** Expression de la comparaison, de l'intensité – *Comme si* + imparfait.
- ■ **FAITS DE LANGUE (1) :** Les adverbes terminés en *-ons*.
- ■ **FAITS DE LANGUE (2) :** Les adverbes en *-amment* et *-emment*.

NOIR, C'EST NOIR... MAIS PAS TRISTE !

Pour la troisième année consécutive, l'association *AAMVT – Partageons le noir* vous propose de participer à ses dîners mensuels dans le noir complet.

Cette expérience vous permettra de comprendre, de l'intérieur, ce que ressentent au quotidien les personnes non-voyantes ou malvoyantes.

Rendez-vous le premier jeudi du mois à 20 h au *Petit Bouchon*, 12 rue du Sabot, Toulouse.

Fabrice D. témoigne sur son blog.

Eh bien, récemment, j'y suis allé, à ces fameux dîners. Des copains suisses m'avaient parlé d'un truc du même genre qu'ils avaient fait à Zürich l'année dernière. Ils avaient été très impressionnés et ça m'avait troublé parce que, eux, pour les impressionner, il faut vraiment se lever tôt !

En plus, cette année, dans mon cours de psychosociale, il y avait une fille aveugle qui venait avec son chien. Je m'étais posé pas mal de questions. Bref, quand j'ai vu cette affiche dans le hall de la fac, je me suis dit : voilà l'occasion de faire l'expérience. J'ai essayé de convaincre ma copine de venir avec moi mais elle, ce genre de truc, ça ne la branchait pas trop.

Pour dire la vérité, quand je me suis retrouvé à l'entrée du restau, je n'en menais pas large, j'ai même failli faire demi-tour. J'aurais eu tort. On nous a fait entrer dans une salle noire, mais noire ! On nous avait demandé d'ôter nos montres, de laisser nos portables, de jouer le jeu, quoi ! On n'y pense jamais mais le noir absolu, ça n'existe pour ainsi dire jamais. Il y a toujours un petit bout de jour, de lumière. Et là, rien. Le noir total. On devient incroyablement pataud*, peur de trébucher, de se casser la figure*. On avance à tâtons, les bras devant soi. Quelqu'un qui nous verrait pourrait croire qu'on a un sacré coup dans l'aile ! On se raccroche au type d'à côté, on tâtonne, on finit quand même par trouver une chaise et s'asseoir. Ouf ! J'ai l'estomac noué. J'ouvre tout grands les yeux mais rien, rien, rien ! Je ne vois rien.

Alors, on essaie de compenser : avec les doigts, on fait connaissance de son domaine : mon assiette, mon verre, mes couverts. Je me sens mal à l'aise, j'ai peur de frôler mon voisin (ou ma voisine ?). Il ou elle sent bon. *Eau sauvage* de chez Dior, je crois. Je parie pour une femme. Mine de rien, je dis : « *Eau sauvage* ? » Elle répond. Gagné !

●●●

●●●

C'est comme si on perdait tous ses repères : le sens des volumes et des formes (la salle du restau est-elle grande ou petite ? carrée, rectangulaire, ronde, ovale… ?), le sens des distances. Je sens que ma serviette est en coton, je l'imagine très blanche, je ne sais pas pourquoi, et elle sent le propre. Pas pour longtemps car dès que le plat est sur la table, j'ai dû en mettre la moitié à côté. Un plat en sauce, ils exagèrent ! Et pour couper la viande, bonjour les dégâts ! Chose curieuse, je suis incapable de reconnaître ce que c'est comme viande. Du veau, peut-être ? Quant au vin, là aussi, impossible d'identifier. Du rouge, c'est presque sûr, mais à part ça… ! Et pas facile d'en verser dans mon verre. J'ai presque envie de boire au goulot, ça serait plus simple. Puisque personne ne me voit. Non, quand même ! […]

On commence à parler, je ne reconnais pas ma voix, c'est drôle, elle est plus aiguë, pas du tout comme je l'entends habituellement ou plutôt, j'ai l'impression de l'entendre pour la première fois. Tout le monde parle de plus en plus fort. Peut-être parce qu'on sent un peu d'appréhension ou peut-être parce que d'habitude, on regarde les gens à qui on parle. Mais là !

Les gens rient, on est tous super excités. C'est comme si on était redevenus des mômes ! On éprouve un sentiment d'intimité avec les autres dîneurs, comme si les barrières s'abolissaient. J'ai comme une envie de les serrer dans mes bras. […]

Après le dîner, quand on s'est retrouvés au jour, on s'est regardés et…

* **pataud** = maladroit.   * **se casser la figure** = tomber.

■ **1** ■ *Pour quelles raisons Fabrice se décide-t-il à faire cette expérience ?*

....

■ **2** ■ *Imaginez les questions que Fabrice s'est posées concernant l'étudiante aveugle ?*

....

■ **3** ■ *À votre avis, pourquoi son amie refuse-t-elle de l'accompagner ? Imaginez ce qu'elle peut dire.*

....

■ **4** ■ *Comment, lors du dîner, Fabrice essaie-t-il de compenser le fait de ne pas voir ?*

....

■ **5** ■ *Ne rien voir modifie certaines sensations, certains sens pour Fabrice. Lesquels ?*

....

■ **6** ■ *Fabrice utilise un français assez familier. Comment, dans ce contexte, comprenez-vous les expressions suivantes :*

a) Pour les impressionner, il faut vraiment se lever tôt ! = ...

b) Ce genre de truc, ça ne la branchait pas trop. = ...

c) Je n'en menais pas large. = ...

d) Avoir un sacré coup dans l'aile. = ...

e) Bonjour les dégâts ! = ...

■ **7** ■ *La dernière phrase est inachevée. Comment, à votre avis, peut-elle se terminer ?*

....

DES MOTS POUR LE DIRE

Sensations, impressions, sentiments

Des noms

les cinq sens : la vue, l'ouïe, l'odorat, le goût, le toucher – une sensation – une impression – une émotion, un émoi
la panique – la terreur – la peur – la crainte – l'appréhension – l'angoisse
l'incertitude – l'inconfort – le malaise

Des verbes

avoir l'impression que… – éprouver, sentir, ressentir (une sensation, une impression, un sentiment) – percevoir

Des adjectifs

une angoisse diffuse – (être) impressionné, troublé, ému

Des expressions

être mal à l'aise – ne pas être dans son assiette (= ne pas se sentir comme d'habitude)
perdre ses repères, perdre ses marques – être désorienté – perdre le nord – avoir l'estomac noué (angoisse) – avoir des sueurs froides (terreur) – avoir une peur bleue – avoir la trouille (*fam.*)

■ **8** ■ *Qu'est-ce que « le sixième sens » ?*

....

■ **9** ■ *Cherchez, dans votre dictionnaire, le sens exact des mots : une sensation, un sentiment.*

....

Dans les phrases suivantes, est-il plutôt question d'un sentiment ou d'une sensation ?

a) J'avais les mains moites, mon cœur battait à cent à l'heure. ....

b) Sa remarque me fit un peu de peine mais je n'en laissai rien paraître. ....

c) J'étais très heureux de me retrouver auprès des miens pour fêter Noël. ....

d) J'eus soudain l'impression que je n'étais plus seul dans la pièce. ....

e) Mon estomac crie famine. Quand est-ce qu'on dîne ? ....

f) Depuis toujours, j'ai eu peur du vide. Dès que je suis à un mètre du sol, j'ai un vertige épouvantable. ....

g) Elle se sentait pleine de rancune envers le destin. ....

h) J'ai toujours eu confiance en vous. ....

■ **10** ■ *Reliez chacun de ces verbes à l'un des cinq sens. Aidez-vous de votre dictionnaire.*
apercevoir – caresser – contempler – déguster – dévisager – écouter – effleurer – entendre – flairer – humer – ouïr – palper – pétrir – se régaler – regarder – savourer – tâter – tâtonner – toucher – voir – sentir

La vue = ...

L'ouïe = ...

Le goût = ...

Le toucher = ...

L'odorat = ...

■ **Faits de langue (1)**
Les adverbes qui ont un suffixe
Actuellement, le seul suffixe pour les adverbes est **-ment** sauf : *à tâtons, à reculons*.

GRAMMAIRE DE LA PHRASE, GRAMMAIRE DU TEXTE

L'expression de la comparaison

1. Quelques emplois de COMME (rappel)
Je crois que tout le monde était comme moi, angoissé.
Je me sentais comme perdu, maladroit, stupide.
On était comme des mômes.
Ma voix n'est pas comme je l'entends d'habitude.
C'est comme si j'avais perdu tous mes repères.

Attention : COMME SI est généralement suivi de l'imparfait ou du plus-que-parfait.

Manière de dire : *C'était impressionnant comme tout (= très impressionnant).*

2. Attention : **a.** *C'est la plus belle expérience qu'on puisse faire !*
ou **b.** *C'est l'expérience la plus belle qu'on puisse faire !*
MAIS **a.** **« C'est la plus passionnante expérience qu'on puisse faire ! »*
  b. *C'est l'expérience la plus passionnante qu'on puisse faire !*
→ Attention : la structure (a) n'est possible qu'avec des adjectifs que l'on peut placer AVANT le nom.
Et rappel, on ne peut <u>jamais</u> dire : **« C'est l'expérience plus passionnante qu'on puisse faire ! »*

3. La progression « parallèle » dans la comparaison (rappel)
Plus le temps passait, plus je me sentais détendu. / Plus le temps passait, moins j'étais angoissé.
Remarque : *Autant…, autant…* **exprime à la fois la comparaison et l'opposition.**
Autant il était angoissé avant le dîner, autant il s'est senti détendu après.
Attention à ne pas confondre *autant* **et** *d'autant plus que* **qui exprime la cause.**
Il avait envie d'aller à ce dîner, d'autant plus qu'on lui en avait souvent parlé. (On indique une raison supplémentaire et déterminante = *et surtout parce que…*)

4. Souvent, le préfixe exprime l'idée d'intensité forte *(archi-, super-, hyper-, extra-, ultra-…)* **ou faible** *(sous-, hypo-).*

■ 11 ■ *Quelle différence y a-t-il entre une supérette, un supermarché et un hypermarché ?*

■ 12 ■ *Reportez-vous au point grammatical 2. Ces trois phrases utilisent la structure (b) qui est toujours possible, quel que soit l'adjectif. Mais dans quel cas pourrait-on employer la structure (a) ?*

Faites la transformation quand elle est possible.
a) C'était la décision la plus facile à prendre.
b) Vous avez là l'exemple le plus beau de solidarité.
c) Je pense que c'est la solution la plus économique.

■ Faits de langue (2)
Les adverbes terminés en *-emment, -amment* viennent d'adjectifs en *-ent* ou *-ant* (*prudent → prudemment ; évident → évidemment ; différent → différemment ; intelligent → intelligemment ; ardent → ardemment // savant → savamment ; puissant → puissamment ; constant → constamment…*).
Attention aux exceptions : *lent → lentement ; présent → présentement.*
Remarque : *précipitamment* et *notamment* viennent de participes présents et non d'adjectifs.

■ 13 ■ *De quels adjectifs sont dérivés les adverbes suivants :*
a) brillamment = ...
b) étonnamment = ...
c) excellemment = ...
d) négligemment = ...
e) pesamment = ...
f) récemment = ...

Evgen Bavcar, le « voyeur absolu »

Ce célèbre photographe, d'origine slovène, est au sens propre du mot extraordinaire. À l'âge de onze ans, il perd progressivement la vue et, quelques années plus tard, se met à photographier. Il veut montrer qu'on peut « voir » autrement qu'avec les yeux. L'appareil photo est donc pour lui un peu comme un « œil intérieur ».

La photo est d'abord un concept, une idée, une image mentale. Et l'essentiel, pour lui, est que les autres, ceux qui regardent ses œuvres, voient cette image mentale.

Professeur à l'Institut d'esthétique des arts contemporains (IEAC) de Paris, Evgen Bavcar a exposé ses œuvres un peu partout dans le monde. Il a écrit un ouvrage très remarquable, *Le voyeur absolu*, Paris, Seuil, collection Fiction & Cie.

■ **14** ■ *Cherchez sur Internet des informations complémentaires sur Evgen Bavcar.*

....

....

....

....

....

....

■ **15** ■ *Comment comprenez-vous le titre de son livre :* Le voyeur absolu *?*

....

....

■ **16** ■ *Vous lui écrivez une lettre pour lui demander des précisions sur sa manière de photographier et pour lui exprimer votre sentiment après avoir vu la photo ci-dessous.*

....

....

....

....

....

....

....

....

....

■ **17** ■ *Les aveugles au musée*
En France (et ailleurs aussi!), certaines séances dans les musées sont organisées pour les non-voyants et malvoyants. Organisez, pour eux, une visite dans l'un des musées de votre ville (musée de peinture, de sculpture, éco-musée…).
Faites l'itinéraire et prévoyez des activités.

....
....
....
....

■ **18** ■ *Dans une revue récente, une journaliste donnait des conseils de maquillage destinés aux femmes non-voyantes. Imaginez ce que pourraient être ces conseils.*

....
....
....
....
....
....
....

MÉLI-MÉLO

Il n'est pire sourd que celui qui ne veut pas entendre.

Au royaume des aveugles, les borgnes sont rois.

Il n'a pas les yeux dans sa poche.

Être sourd comme un pot.

Se faire tirer l'oreille pour faire quelque chose.

Avoir du nez.

Ça se voit comme le nez au milieu de la figure.

Je ne peux pas le sentir!

■ **1** ■ *À quelle expression correspond le dessin?*

....

■ **2** ■ *Complétez avec l'une de ces expressions.*

a) Moi, ça ne m'étonne pas du tout. Tout le monde s'y attendait. .... qu'il avait décidé de quitter son boulot, sa femme, son appart.

b) Allez, donne-moi un coup de main. C'est terrible! Il faut toujours que tu .... pour aider!

COUP DE FOUDRE

> ■ **OBJECTIFS FONCTIONNELS :** Décrire une émotion violente.
>
> ■ **LEXIQUE :** Le coup de foudre, l'amour, la passion.
>
> ■ **GRAMMAIRE :** Les adverbes *tout* et *même* – Le pronom *soi*.
>
> ■ **FAITS DE LANGUE (1) :** *Un coup de…*
>
> ■ **FAITS DE LANGUE (2) :** Les mots terminés en *-ac, -ec, -ic, -oc, -uc*.
>
> ■ **FAITS DE LANGUE (3) :** Les mots « prisonniers », à contexte unique.

« *Quand nos regards se sont croisés*, raconte Myriam, *ça a été comme un coup de tonnerre, un choc, une commotion violente ; c'est comme si comme si j'avais pris brutalement 100 000 volts. J'étais là, pétrifiée, stupide, les mains tremblantes, mon cœur s'est presque arrêté de battre… C'était lui, c'est tout. Lui ! Celui que j'attendais depuis toujours* ».

Voici, peu ou prou*, ce que racontent tous ceux qui ont vécu le coup de foudre.
Souvenez-vous de Phèdre :

> Je le vis, je pâlis, je rougis à sa vue ;
> Un trouble s'éleva dans mon âme éperdue ;
> Mes yeux ne voyaient plus, je ne pouvais parler ;
> Je sentis tout mon corps et transir et brûler.
> Je reconnus Vénus et ses feux redoutables…
>
> Racine *Phèdre* (acte 1, scène 3)

Outre la *Phèdre* de Racine, bien des amants célèbres l'ont éprouvé, ce choc : *Hélène et Pâris, Tristan et Iseult, Héloïse et Abélard, Roméo et Juliette, La princesse de Clèves et le duc de Nemours, Madame de Rênal pour Julien Sorel…* et tant d'autres !

Le coup de foudre arrive sans crier gare*, sans que vous l'ayez cherché ou voulu, et personne ne peut se vanter d'être à l'abri de ce cataclysme. Les plus timides se découvrent audacieux, les plus sages lascives, les mélancoliques s'enflamment, les plus tristes s'illuminent… c'est comme une révolution qui s'opère en nous. Au sens le plus strict, on n'est plus soi-même, on perd toute capacité de juger l'autre raisonnablement, sereinement, avec ses qualités et ses défauts. On est « éperdument » amoureux. Et dans *éperdu*, il y a bien « perdu ». On se perdrait pour elle ou pour lui. On le ou on la suivrait au bout du monde, sans un regard derrière soi, abandonnant père, mère, époux, enfants… On est prêt à tout !

● ● ●

•••

Le coup de foudre peut-il s'expliquer?

Pour certains, tout serait une question d'hormones. Et sont cités pêle-mêle bien des noms barbares: les phéromones, l'ocytocine, la dopamine ou d'autres. Réaction chimique peut-être, mais la physiologie n'explique certainement pas tout, heureusement.

Attention, danger!

D'abord, le coup de foudre, hélas!, n'est pas toujours réciproque et cette non réciprocité peut faire des ravages. Souvenez-vous de Phèdre, elle encore, dédaignée* par le bel Hippolyte qu'elle poursuit furieusement, « tout entière à sa proie attachée ». La pièce de Racine se termine par un désastre général: Phèdre entraîne à leur perte tous les personnages.

Mais attention aussi, même lorsque le coup de foudre est partagé, au retour sur terre. On plane, c'est très bien. Mais il faudra bien atterrir un jour. Et la désillusion sera d'autant plus forte qu'on aura volé haut! Savoir gérer « l'après-coup de foudre » est tout un art!

* **peu ou prou** = plus ou moins, à peu près.
* **sans crier gare** = sans prévenir, à l'improviste.
* **dédaignée** = méprisée, rejetée, refusée.

■ **1** ■ *Dans le témoignage de Myriam, relevez tout ce qui montre la soudaineté et la violence de cette émotion.*

....

....

■ **2** ■ *Commentez, dans ces quelques vers de Racine, les effets du coup de foudre. Montrez en particulier comment Phèdre passe par des symptômes contradictoires.*

....

....

■ **3** ■ *Justifiez l'emploi du conditionnel dans: « On se perdrait pour elle ou pour lui. On le ou on la suivrait au bout du monde... »*

....

....

■ **4** ■ *Qu'est-ce qui, dans le texte, montre que le coup de foudre fait que l'on cesse d'être soi-même?*

....

....

■ **5** ■ *Comment, à votre avis, peut-on « gérer l'après-coup de foudre »?*

....

....

DES MOTS POUR LE DIRE

Amour, passion, coup de foudre...

> ### Des noms
> l'amour – la passion – le coup de foudre
> une amourette, un flirt, un béguin (= amour léger, passager, sans conséquence)
> un cataclysme – un ravage – un désastre – un bouleversement – une calamité – une commotion – un choc
> une désillusion – une déception – une déconvenue – le désenchantement

> aimer – adorer – se passionner pour... –
> s'éprendre de quelqu'un
> chérir – idolâtrer

> être amoureux – épris – fasciné – pétrifié –
> éperdu – subjugué

> ### Des expressions
> tomber amoureux de quelqu'un (et NON *« tomber en amour »)
> brûler pour quelqu'un – l'amour fou

■ **6** ■ *Les préfixes en* **dé-** *ou* **dés-**.
  illusion → **dés**illusion – *enchantement* → **dés**enchantement
MAIS *déception n'est pas le contraire de *« ception » (ce mot n'existe pas)*

Parmi les mots suivants, lesquels sont le contraire du mot privé de **dé-** *ou* **dés-**?
Exemples : **la déraison** = OUI, c'est bien le contraire de **la raison** ; la détresse = NON, ce n'est pas le
contraire de **la tresse** (le mot existe mais signifie tout à fait autre chose).
*le déchirement – la découverte – la délicatesse – le département – le désamour – le désavantage – le désespoir –
le désintérêt – la désolation – la désunion*
(Pour vous aider, cinq noms sont bien le contraire du mot privé de *dé-* ou *des-*, cinq ne le sont pas.)

■ **7** ■ *Les noms suivants expriment un peu la même idée. Laquelle ?*
un cataclysme – une catastrophe – un désastre – un bouleversement – une calamité – un ravage

....

> ■ **Faits de langue (1) Lexique**
> **Il existe de très nombreuses expressions dans lesquelles figure le mot** *coup* :
> *faire quelque chose sur un coup de tête – avoir un coup de barre, un coup de fatigue – jeter un coup d'œil –
> passer en coup de vent – avoir un coup de cœur pour quelque chose – avoir un coup de cafard – donner un
> coup de balai – se donner un coup de peigne*

■ **8** ■ *Ces expressions indiquent... Cochez la bonne réponse.*
a) idée de quelque chose de violent ❐
b) idée de quelque chose de bref, d'instantané ❐
c) idée de quelque chose d'extrême, de définitif ❐

> ■ **Faits de langue (2) Phonétique**
> Attention aux noms terminés en *-ac* (*le trac*), *-ec* (*un bec*), *-ic* (*le public*), *-oc* (*le choc*) ou *-uc* (*un truc*). On pro-
> nonce en général la consonne finale (exceptions : *le tabac, un banc, du caoutchouc...*).

■ **9** ■ *Répétez ce petit dialogue en français familier.*
– *Quel bric-à-brac dans ton sac à main ! Il y a mille trucs inutiles et quel désordre ! Regarde, du fric en vrac
tout au fond, une photo de ton mec...*
– *Dis donc ! arrête de fouiller dans mon sac, arrête de faire le flic !*

1. L'adverbe TOUT (rappel)

Normalement, comme tous les adverbes, TOUT (au sens de *très, complètement, absolument*) devrait être invariable ; mais lorsqu'il est suivi d'un nom féminin commençant par une consonne, il s'accorde avec ce nom.

*C'est Vénus **tout entière** à sa proie attachée.*
*Elle était **tout heureuse** de le rencontrer.*
*Elles étaient **tout émues, tout étonnées**…*

Mais
*Elle était **toute contente**.*
*Elles étaient **toutes fières** d'avoir réussi.*

2. Le pronom SOI

Il ne peut représenter que quelque chose de général, d'impersonnel.

Chacun pour soi et Dieu pour tous.
Personne ne pense qu'à soi-même.
On a toujours besoin d'un plus petit que soi.
Ah ! Il vaut mieux travailler pour soi que pour les autres.
Après la réunion, tout le monde est rentré chez soi.

3. L'adverbe MÊME donne à un argument une importance plus grande qu'à ceux qui l'ont précédé.
Même quand tout marche bien, attention à la désillusion.
Je ne le quitterais pas même pour une fortune.

4. OUTRE, EN OUTRE (rappel)
– La préposition OUTRE + groupe nominal
Outre la Phèdre *de Racine…* (= *en plus de…*)
– L'adverbe de lieu OUTRE que l'on rencontre dans la locution verbale : PASSER OUTRE (= faire quelque chose malgré une interdiction, malgré un obstacle).
Tout le monde lui a conseillé de renoncer à son voyage mais il est passé outre et il est parti.
– L'adverbe EN OUTRE (= *D'autre part… Par ailleurs… De plus…*).

■ **10** ■ *À votre avis, la phrase :* Elles étaient toutes toutes fières d'avoir réussi **est-elle possible ?**
Justifiez votre réponse.

....

....

■ **11** ■ Soi *ou* lui/elle *? Entourez la bonne réponse.*
a) Chacune d'entre vous, mesdemoiselles, décidera pour *elle-même / soi-même*.
b) C'est une personne qui ne pense qu'à *elle-même / soi-même*.
c) Dans la vie, mon cher, l'essentiel est d'avoir confiance en *lui / soi*.

■ **Faits de langue (3)**
Certains mots n'ont aucune existence sauf dans une locution figée.
Par exemple, en français contemporain, *prou* n'existe que dans l'expression « peu ou prou » ; *fur* n'existe que dans l'expression « au fur et à mesure » ; *pêle* n'existe que dans l'expression « pêle-mêle »…
À vous de continuer cette petite liste.

■ **12** ■ *Faites un compte rendu de ce texte (150 mots environ).*

Le coup de foudre amoureux, un phénomène social ?

Si, dans le passé, le choix d'un conjoint était soumis aux contraintes sociales, celles-ci se sont fortement atténuées et nos amours, croyons-nous, n'appartiennent désormais qu'à nous.

Nous faisons la part belle au « divin hasard » lorsque nous repensons à nos parcours amoureux et nous ne sommes pas prêts à concevoir qu'ils puissent être modelés par l'organisation sociale.

Et pourtant, étrangement et presque à notre insu, les couples sont loin de se former aussi librement que nous le pensons. La tendance homogamique, qui consiste à choisir un partenaire socialement proche, est toujours évidente et ne s'assouplit pas, quels que soient les types d'union (mariage, remariage, concubinage, union libre) : aujourd'hui presque autant qu'hier, c'est quelqu'un « comme nous » que nous choisissons d'aimer.

Comment comprendre cette régularité des unions homogamiques ?

Nous savons tout d'abord, grâce aux travaux de P. Bourdieu (*La distinction. Critique sociale du jugement*, Paris, Minuit, 1979), que la répartition des goûts correspond aux différences de positions sociales. En ce sens, l'attraction ou le désintérêt que produisent les caractéristiques physiques, les allures, les façons d'être… etc. de ceux que nous rencontrons sont socialement marqués.

Nous savons également que les lieux de rencontre ne sont pas socialement neutres. Dans les classes populaires, les rencontres se font plutôt dans les espaces publics (fêtes, rues, centres commerciaux…) ; les espaces réservés (travail, études, vacances…) caractérisent plutôt les rencontres des professions intellectuelles ; et ce sont dans les espaces strictement privés (groupes d'amis ou familles) que se retrouvent essentiellement les cadres du secteur privé ou les membres des professions libérales.

Les travaux de N. Elias (*La Civilisation des mœurs*, Paris, Calman-Lévy, 1973) nous ont de plus appris que les normes et les valeurs structurant un ensemble social sont très largement adoptées par les individus. Les préférences d'un individu correspondent à celles que l'histoire a déposées en lui et elles varient d'un groupe à l'autre. Dans les milieux populaires, par exemple, les femmes préféreront les hommes stables professionnellement alors que dans les classes supérieures, les femmes seront plus attentives aux qualités d'éducation ainsi qu'aux manifestations d'assurance.

Et cependant, une question demeure : comment et pourquoi ces normes, implicites mais vigoureuses, coexistent-elles avec le sentiment d'une liberté de choix et avec la valorisation du sentiment amoureux ? Ou, en d'autres termes, comment le sentiment amoureux qui nous apparaît comme ce qui est le plus intime peut-il être orchestré par les normes sociales ?

Il nous a semblé que pour répondre à cette question, l'un des meilleurs terrains de recherche était l'amour fou, inauguré par le coup de foudre, qui semble dénué de toute contrainte sociale. Et c'est afin d'interpréter la dialectique de l'amour et de la contrainte sociale que nous avons mené une enquête sur le coup de foudre, sans le définir préalablement puisque c'est à travers le point de vue de ceux qui nous en ont parlé qu'il convenait d'en chercher et la définition et les significations. (488 mots)

D'après M-N SCHURMANS in Sciences humaines août/sept. 1998

....

....

....

....

....

....

■ **13** ■ *Choisissez l'un des couples mythiques dont il a été question dans le texte, page 36. Si nécessaire, cherchez des informations sur Internet. Racontez leur histoire en une vingtaine de lignes.*

....

....

....

....

....

....

....

....

....

....

■ **14** ■ *Avez-vous déjà eu ou connaissez-vous quelqu'un qui ait déjà eu un coup de foudre ? Décrivez cette expérience.*

....

....

....

....

....

....

....

....

MÉLI-MÉLO

Je suis amoureux / amoureuse

En français familier, au xxᵉ siècle :

J'en pince pour lui.

Je l'ai dans la peau, j'en suis marteau.

Je suis mordu.

Au xxiᵉ siècle (langage des jeunes)

J'ai flashé sur lui.

Je le kiffe grave, je suis accro !

NOSTALGIE...

■ **OBJECTIFS FONCTIONNELS :** Décrire des sentiments, des sensations...

■ **LEXIQUE :** La nostalgie, la mélancolie, la réminiscence...

■ **GRAMMAIRE :** La relative explicative – L'apposition – L'énumération.

■ **FAITS DE LANGUE (1) :** *Extrême, extrémité.*

■ **FAITS DE LANGUE (2) :** Sons et bruits.

C'était à...

La vie se charge de déplacer les personnes et les choses, de bousculer les lieux et les paysages. La ville qu'on a connue dans son enfance et qu'on a quittée n'existe plus, mais elle reste au fond de soi comme un domaine préservé, souvent visité et regretté.

Parfois, sur un marché, au début de l'été, la vue d'un plumbago, fleur délicate aux pétales bleu pâle, transperce le cœur d'une émotion d'abord indéfinissable ; puis peu à peu, on comprend que c'est l'émotion qui naît d'une réminiscence*, d'une impression de « déjà vu », de la révélation d'un fragment du passé.

Et voilà que simplement en fermant les yeux, on retrouve des sensations, des images ; une barrière en pierre le long de laquelle court une profusion de plumbagos. C'est la barrière du jardin du professeur de piano. On entend le grincement de la porte qu'on pousse avec la roue de la bicyclette, on prête l'oreille aux accords d'une sonate de Beethoven. On distingue le bourdonnement des abeilles autour des fleurs, on perçoit le pas régulier d'un cheval tirant une calèche ; tous les bruits, tous le sons reviennent à l'esprit, à l'oreille et on reste là, devant la fleur, dans ce temps suspendu.

On ne sait comment démêler ces émotions, plongé qu'on est dans la recherche des souvenirs ; est-ce de la joie, de la douceur ou de la tristesse, de la mélancolie ? C'est en réalité le chagrin intime qu'on ressent devant une perte, le regret de ne plus pouvoir retrouver ce qui manque à jamais, c'est le mal du pays, c'est la nostalgie.

Nostalgie d'un pays âpre* où l'ombre est glaciale en hiver et le soleil brûlant en été ; nostalgie d'une ville, kaléidoscope multicolore où se combinent le rouge brique des maisons, le vert des tuiles vernissées, le bleu profond du ciel, le jaune du mimosa, le violet des bougainvilliers !

Nostalgie des étés torrides où le soleil immobilise toute vie, où les persiennes fermées préservent l'ombre et gardent l'odeur du concombre et de la pastèque. Regret douloureux des plongeons dans une piscine dont l'eau fraîche apaise toutes les brûlures.

Mais surtout, nostalgie de l'enfance.

●●●

●●●

Les petites maladies sont des moments heureux veillés par des grands-mères qui chantent dans une langue étrange des chansons qu'on ne comprend pas et qui donnent envie de pleurer de tristesse et de bonheur. Les jours de fête, la maison s'emplit des odeurs les plus délicieuses ; odeur de la fleur d'oranger, de l'œillet poivré, des roses pompon ; odeur du bois de cèdre qui s'échappe en fumée d'un brûle-parfums ; odeur des plats les plus exquis où se mêlent la cannelle, le gingembre et le clou de girofle…

L'école est le lieu des amitiés passionnées, celui de tous les jeux, corde à sauter, gendarmes et voleurs, un, deux, trois soleil, marelle… La rue, le terrain de sport des copains du quartier. De temps en temps la petite troupe d'enfants s'écarte pour laisser passer des dromadaires majestueux au pas lent et silencieux…

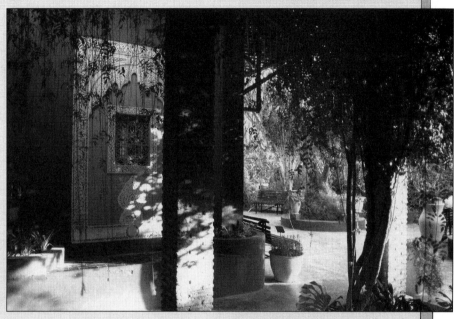

Ces évocations semblent ensoleillées, magiques, et pourtant elles laissent au cœur ce déchirement, cette peine extrême que l'on éprouve devant ce qu'on désire encore si fortement et que l'on n'a plus. Les dromadaires ont laissé la place à des voitures bruyantes, les lilas du Japon qui embaumaient l'espace ont été coupés, les amis se sont dispersés. Le tourisme a modifié la ville.

La nostalgie ressuscite un univers où images, sons, odeurs, couleurs, se mêlent et se fondent, dans une symphonie profonde, à la fois douce et amère*, douce de la beauté d'un monde rêvé, amère de la douleur d'un monde perdu.

Marianne Torcos, 2007

* **une réminiscence** = un souvenir vague, imprécis. * **âpre** = rude, rigoureux. * **amer / amère** = ici, triste.

■ **1** ■ *Expliquez ce qu'est, selon vous, l'impression de « déjà vu » ?*

■ **2** ■ *Qu'est-ce qu'un kaléidoscope ? (Servez-vous d'un dictionnaire.)*

■ **3** ■ *Essayez d'imaginer à quelle ville, à quel pays appartiennent les lieux décrits dans le texte. Justifiez votre réponse.*

■ **4** ■ *Relevez dans le texte tous les termes (adjectifs, noms), toutes les expressions qui renvoient au thème de la nostalgie.*

■ **5** ■ *À votre avis, la nostalgie donne-t-elle une image vraie, réelle des choses ?*

Souvenirs

Des noms

la nostalgie – le mal du pays – le regret – la douleur – la tristesse – la mélancolie – le chagrin – la souf-
france – la peine – le déchirement
le souvenir – la réminiscence – le sentiment – l'émotion – la sensation

---

Des verbes

sentir – ressentir – éprouver – désirer – percevoir – voir –
regarder – entendre – écouter

Des adjectifs

passé – révolu – disparu – amer/amère
– âpre – douloureux

Des expressions

transpercer le cœur (= atteindre profondément, faire souffrir)

■ **6** ■ *Quel est le sens de ces expressions qui contiennent le mot* cœur :

a) Il a le *cœur* gros = ...

b) Je suis de tout *cœur* avec vous = ...

c) En apprenant la nouvelle, elle a reçu un coup au *cœur* = ...

d) Nous avons eu à *cœur* de finir le travail commencé = ...

e) Ils m'ont invité et j'ai accepté de grand *cœur* = ...

■ **7** ■ *Comment comprenez-vous les expressions suivantes ?*

a) Il a agi *au vu et au su* de tout le monde. ....

b) L'homme est entré dans la bijouterie et, *ni vu ni connu*, il a dérobé un collier de grand prix. ....

c) Non, non, oubliez ce projet ! C'est du *déjà vu* ! ....

■ **8** ■ *Ne confondons pas :* ressentir *et* sentir / voir *et* regarder / voir *et* percevoir / entendre *et* écouter.

a) Il est 5 heures du matin et on .... déjà les oiseaux. *(entendre ou écouter)*

b) Arrêtez-vous et ....! La montagne est si belle! *(voir ou regarder)*

c) Le public .... religieusement la Cantate 51 de Bach. *(entendre ou écouter)*

d) Pour la première fois de sa vie, ce don Juan .... de l'amour pour quelqu'un. *(sentir ou ressentir)*

e) On dit que les animaux .... le danger avant tout le monde. *(sentir / ressentir)*

f) Un peintre .... plus de nuances d'une même couleur que le simple amateur. *(voir ou percevoir)*

■ **9** ■ *Ne confondons pas :* mémoire *et* souvenir.

a) Que de .... dans un album de photos!

b) Elle a une excellente .... Il lui suffit de lire un texte pour le retenir.

c) Il paraît qu'on peut exercer sa ....

d) La vie se passe à accumuler des ....

■ **10** ■ *Trouvez dans le texte un synonyme des mots :* souvenir *et* nostalgie.

■ **11** ■ *En vous aidant du dictionnaire, classez ces mots du plus faible au plus fort.*

   a) un brouhaha – **b)** un chuchotement – **c)** un cri – **d)** un frémissement – **e)** un hurlement

---

■ **Faits de langue (1)**

Bizarrerie orthographique

L'adjectif « extrême » a un accent circonflexe. Cet accent n'a pas de raison d'être ici (il ne remplace
aucune lettre disparue). Il est ajouté par analogie avec d'autres mots, comme *fenêtre, bête...* Les dérivés,
extrémité, extrémisme... ont normalement un accent aigu.

GRAMMAIRE DE LA PHRASE, GRAMMAIRE DU TEXTE

1. Un exemple particulier (et assez rare) de proposition relative explicative
Cette relative peut être introduite par un pronom relatif neutre « que », après un nom, un adjectif, un participe. Elle se construit en général avec le verbe « être » et elle a souvent une valeur causale. Cette structure appartient principalement à la langue parlée.
*On ne voit plus la foule, **plongé qu'on est** dans la recherche des souvenirs.*
***Étourdi que** je suis! J'ai oublié mon rendez-vous!*
*Il roulait les « r » comme un **vrai méridional qu'il était**.*

■ **12** ■ *Transformez les phrases suivantes de manière à former une proposition relative explicative.* *Exemple :* <u>C'est un bon mathématicien</u> *: il a pu résoudre en quelques minutes ce problème difficile.*
→ *En bon mathématicien qu'il est, il a pu résoudre ce problème difficile en quelques minutes.*

a) <u>Tu es folle</u>! Tu n'as pas vu les dangers de l'escalade! → ....

b) Il n'a pas entendu sonner, <u>il était absorbé</u> dans son travail. → ....

c) <u>C'est un bon père</u>! Il surveille de près le travail de ses enfants. → ....

2. L'apposition
La vue d'un plumbago, fleur délicate aux pétales bleu pâle, transperce le cœur.
La rue, le terrain de jeux des copains…
La nostalgie, le mal du pays.
…une ville, kaléidoscope multicolore…
L'apposition à un groupe nominal peut être :
– un autre groupe nominal avec, ou le plus souvent, sans déterminant.
*La France, **vieille terre gauloise**… se trouve à l'extrémité de l'Europe.*
*C'est Marius, tu te rappelles? Oui, Marius, **le fils de César**…*
– des groupes adjectivaux: adjectifs, participes passés, participes présents qui suivent ou précèdent le groupe nominal.
***Timide**, l'enfant se tenait dans un coin du salon et jouait seul.*
*Des meubles, **oubliés depuis longtemps**, s'entassaient dans la cave.*
– une construction infinitive.
*Elle avait une idée fixe, **maigrir** et **devenir** mannequin.*
Le terme en apposition décrit, caractérise. Il est généralement séparé du groupe nominal par une virgule.

3. L'énumération
Se caractérise souvent, comme l'apposition, par l'absence de déterminant.
*…un univers où **images, sons, odeurs, couleurs** se mêlent.*
*…le lieu de tous les jeux; **corde à sauter, gendarmes et voleurs, un, deux, trois soleil, marelle**…*
C'est une structure qui appartient à la langue écrite.

■ **13** ■ *À la place de l'expression soulignée, utilisez une apposition, comme dans l'exemple. (Variez les structures.)*

Exemple : *Le lion <u>est le roi des animaux</u>. Il vit dans la savane africaine.* → *Le lion, <u>(le) roi des animaux</u>, vit dans la savane africaine.*

a) La France <u>est un vieux pays</u> où il fait bon vivre. La France accueille chaque été des milliers de touristes de toutes les nationalités. → ....

b) La petite fille <u>était pétrifiée</u>. Elle regardait avec terreur l'armoire d'où elle croyait avoir entendu sortir un gémissement. → ....

c) Elle avait une seule occupation : <u>c'était de regarder</u> la télévision. → ....

▒ **Faits de langue (2)**

Petit point de grammaire

Attention! Dans la locution adverbiale *à (tout) jamais* **le mot** « jamais » n'a aucune valeur négative. Au contraire, il a un sens positif. L'expression signifie : *pour toujours, éternellement. Pour jamais* a le même sens.

■ **14** ■ *Vous êtes un(e) habitant(e) du quartier de Saint-Germain-des-Prés. On vous interroge sur la vie du quartier, sur ses changements, sur son évolution. Vous répondez en regrettant ce qu'il était autrefois.*

Voici quelques éléments de réponse

Autrefois :
– Haut lieu de la vie intellectuelle ; écrivains, philosophes, artistes.
– Nombreux cafés, bars…
– Librairies.
– Quartier vivant ; petites boutiques : droguerie, boulangeries, relieurs de livres, marchands de couleurs, luthiers…
– Vie nocturne très riche, clubs de jazz, théâtres…
– Vie sociale intense ; population mélangée et sociable, agréable…

Aujourd'hui :
– Où sont les écrivains célèbres, les philosophes, les artistes ?
– Présence de touristes curieux.
– Une seule librairie.
– À la place des petits commerces, boutiques de luxe (généralement de vêtements).
– Un ou deux clubs de jazz.
– Regrets, nostalgie d'une époque vivante et riche…

....

....

....

....

....

....

....

....

....

....

....

....

....

....

....

....

....

....

À VOUS D'ÉCRIRE (2)

■ **15** ■ *Que représente pour vous la nostalgie? Est-ce un sentiment enrichissant ou un frein à la vie et au progrès?*

Écrivez un petit texte où vous donnerez votre point de vue; vous l'illustrerez d'exemples personnels.

....

....

....

....

....

....

....

....

....

....

....

....

....

....

....

....

....

MÉLI-MÉLO

Bruits et sons

Associez les termes de la liste I et II qui vont ensemble.

I	II
La porte	grésille.
L'huile	claque.
Un plancher de bois	pétille.
L'abeille	crépite.
Le champagne	roucoule.
Le feu	bourdonne.
Le pigeon	craque.

a) L'adverbe en -ment

L'adverbe en *-ment* a déjà été longuement étudié. On sait qu'il se forme en ajoutant le suffixe *-ment* à l'adjectif féminin : **heureux → heureusement ; amer → amèrement ; fin → finement...** etc. ou à l'adjectif à forme unique : **fixe → fixement ; sage → sagement ; rude → rudement.**

Quelques cas particuliers :

• Les adjectifs terminés par une voyelle forment l'adverbe sur l'adjectif masculin.
Exemples : **vrai → vraiment ; infini → infiniment ; joli → joliment ; poli → poliment ; éperdu → éperdument ; absolu → absolument ; résolu → résolument ; aisé → aisément ; assuré → assurément ; délibéré → délibérément ; posé → posément.**
(Exception : **gai → gaiement ;** et certains adjectifs qui remplacent le « e » du féminin par un accent circonflexe : **assidûment ; crûment ; indûment ; goulûment...**)

• Certains adjectifs, par analogie avec « é », forment l'adverbe non pas en *-ement,* mais en *-ément.* Ce sont des adjectifs à forme unique :
– **conforme, uniforme, énorme** qui donnent : **conformément, uniformément, énormément.**
– **immense, intense** qui donnent : **immensément, intensément.**
– **commode** qui donne **commodément.**

Et une série d'adjectifs qui présentent un masculin et un féminin comme :
– **commun, opportun ; confus, précis, exprès ; obscur, profond** : qui donnent : **communément, opportunément, confusément, précisément, expressément, obscurément, profondément.**
On peut imaginer que l'adverbe « **aveuglément** », s'écrit ainsi pour se distinguer du nom *aveuglement*.

• L'adjectif : **gentil → gentiment.**
• L'adjectif : **bref → brièvement.**
• L'adjectif : **grave → grièvement** ou **gravement.**

• Les adjectifs en *-ent* et *-ant* forment des adverbes en *-emment* et *-amment.*
Exemples : **récent → récemment ; constant → constamment.**

b) Les mots à contexte unique

Certains mots n'existent que dans certaines locutions ; il en est ainsi de :
– *il y a belle lurette* = il y a longtemps. (Dans cette expression, « belle » est un intensif et « lurette » vient de *« heurette »*, une petite heure. = Il y a une bonne petite heure.)
– *à la bonne franquette* = simplement. (Franquette vient de l'adjectif « franc ».)
– *au fur et à mesure* = en même temps et successivement. *(Le mot « fur » signifiait aussi « mesure ».)*
– *à l'instar de* = à l'exemple de, de même que. *(Instar = valeur égale.)*
– *pêle-mêle* = dans un grand désordre, dans une grande confusion. *(Vient de * « mêle-mêle ».)*
– *peu ou prou* = plus ou moins (Prou vient d'un vieux mot qui signifiait « profit » puis, « beaucoup ». = Peu ou beaucoup.)
– *à la queue leu leu* = l'un derrière l'autre, comme les loups. (« Leu » est un vieux mot pour « loup ».)

c) Les accents curieux

– Dans le mot **événement**, le 1er « e » est normalement fermé, il porte l'accent aigu, le 2e est ouvert mais il porte aussi l'accent aigu, ce qui est bizarre. Aujourd'hui, on accepte la graphie : **évènement,** avec un « é » et un « è ».
– Notons l'accent circonflexe sur l'adverbe **extrêmement,** formé normalement sur l'adjectif *extrême* qui porte un accent injustifié.
– Le participe **dû,** l'adjectif **sûr,** l'adjectif **mûr,** prennent l'accent circonflexe pour les différencier de l'article : **du,** de la préposition **sur,** du nom **mur.**

Bilan autocorrectif

Maintenant vous savez...

A – Parler de vos sentiments et de vos sensations.

■ 1 ■ **Dans les phrases suivantes, s'agit-il plutôt d'un sentiment ou d'une sensation ?**   .../5

a) J'ai une très grande confiance en lui. ....

b) J'ai eu des sueurs froides. ....

c) Mon cœur battait à 100 à l'heure. ....

d) Vous n'imaginez pas mes regrets ! ....

e) J'en avais la chair de poule. ....

f) J'ai les jambes en coton. ....

g) Je le méprise de tout mon cœur. ....

h) Vraiment, ce type, je ne l'ai jamais compris. ....

i) Mes cheveux se sont dressés sur ma tête. ....

j) J'ai toujours eu beaucoup de sympathie pour elle. ....

B – Utiliser le lexique des cinq sens.

■ 2 ■ **Entourez le mot qui convient le mieux au contexte.**   .../2

a) *Écoute / Entends !* J'ai l'impression que quelqu'un vient de frapper à la porte.

b) Elle aimait rester dans son jardin, à *regarder / voir* les fleurs.

c) Hum… ça *ressent / sent* bon ! Qu'est-ce que c'est, comme parfum ?

d) Soudain, nous avons *aperçu / perçu* Jeanne, presque en haut de la montagne.

C – Parler de certains sentiments.

■ 3 ■ **Le lexique de l'amour. Voici quelques déclarations, classez-les en deux catégories :
amour intense / amour plus mesuré.**   .../1

a) Je brûle pour elle.

b) Je l'aime beaucoup.

c) Je l'aime bien, tu sais.

d) Je l'adore.

e) Je suis fou d'elle.

f) Elle ne m'est pas indifférente.

g) J'ai un certain sentiment pour elle.

h) Je l'ai vraiment dans la peau.

i) Je suis tombé raide amoureux d'elle.

j) Je l'aime éperdument.

Amour intense : ....

Amour plus mesuré : ....

■ 4 ■ **Le lexique de la nostalgie. Barrez l'intrus.**   .../1

la tristesse – la mélancolie – la rancune – le regret – le mal du pays – le vague à l'âme – la réminiscence

D – Orthographier correctement le mot *tout* (adjectif, pronom ou adverbe).

■ 5 ■ **Complétez.**   .../4

a) Je l'ai vu presque tou......... les jours de cette semaine.

b) Elle était tou......... étonnée de ne jamais l'avoir rencontré auparavant.

c) Si tu cherches tes livres, je les ai tou......... rangés sur l'étagère du couloir.

d) J'ai vu Anna après son examen. Elle était tou......... contente, ça a très bien marché.

e) Elle a tou......... le temps peur de n'importe quoi! C'est pénible!

f) On dit qu'à Chypre, il fait beau presque tou......... l'année.

g) Quand les mariés sont sortis de la mairie, ils étaient tou......... émus, ça se comprend!

h) Tou......... le monde est là? On peut commencer la séance?

E – Utiliser correctement le pronom *soi*.

■ 6 ■ **Complétez avec le pronom qui convient.**   .../3

a) L'hiver, après les cours, chacun rentre chez ...., c'est un peu triste.

b) Nous sommes rentrés chez .... vers minuit.

c) Achète donc des boîtes de conserves. Il faut toujours en avoir chez .... en réserve.

d) Maintenant, elle travaille pour .... et non plus pour les autres.

e) Tu as pensé aux enfants? Pour .... aussi, les journées sont longues, à l'école.

f) Quel égoïsme! Tu penses toujours d'abord à ....!

F – Orthographier correctement les adverbes terminés en *-mment*.

■ 7 ■ **Quel est l'adverbe qui correspond aux adjectifs suivants:**   .../4

a) étonnant = ...   **e)** excellent = ...

b) obligeant = ...   **f)** méchant = ...

c) décent = ...   **g)** bruyant = ...

d) prudent = ...   **h)** différent = ...

● COMPTEZ VOS POINTS

De 15 à 20: très bien. Passez maintenant à l'Unité suivante. Tout va bien.

De 10 à 15: attention aux nuances de vocabulaire, c'est la principale difficulté de cette Unité.

Moins de 10: revoyez les pages *Des mots pour le dire*.

COMMENT RAPPORTER
DES DONNÉES CHIFFRÉES?

• Étudier l'évolution d'un phénomène social (par exemple, l'évolution du niveau de vie des Français), utiliser un sondage d'opinion pour mettre en évidence les conditions de travail d'une population, comparer des éléments entre eux (par exemple, les dépenses consacrées à la protection sociale en Europe) conduit forcément à utiliser des tableaux chiffrés, des graphiques, des diagrammes.

Pourquoi ? Parce qu'on peut « lire » immédiatement une courbe, un « camembert » (diagramme circulaire divisé en secteurs), des colonnes, qui se superposent pour rendre visibles des chiffres.
Ceux-ci servent, en effet, à faire ressortir plus rapidement, plus clairement, à partir d'une masse de données, des tendances, des proportions, des pourcentages, des statistiques, des comparaisons, des évolutions.

• « Proportions, pourcentages, statistiques », tous ces termes relèvent du domaine des chiffres, donc d'une science qui se veut précise, exacte. Mais en même temps, le mot « tendance », le mot « évolution » renvoient plutôt au domaine de l'orientation, de la projection dans le futur, de l'hypothèse, et donc de l'imprécis.

• Ces deux caractéristiques apparemment opposées commandent aussi le vocabulaire de ces commentaires. Puisqu'on s'appuie sur des données chiffrées, on pourra avancer des affirmations nettes: ainsi, on parlera d'un échantillon *représentatif* de la population…

• Par ailleurs, on sait que les données chiffrées peuvent comporter une marge d'erreurs, que les sondages d'opinion ne sont pas fiables à cent pour cent (selon la manière de poser les questions, les réponses peuvent changer du tout au tout), que les comparaisons peuvent reposer sur des données parfois modifiées, que les projections dans le futur peuvent se révéler trompeuses. C'est pourquoi on introduira des expressions qui montrent bien le caractère parfois imprécis de ces données: *dans l'ensemble, en partie, entre autres, pour la plupart*, et d'autre part, on pourra trouver *le conditionnel* qui présente, sous réserve, un fait non confirmé.

LES FRANÇAIS ET LE TRAVAIL

■ **OBJECTIFS FONCTIONNELS :** Commenter un sondage d'opinion.

■ **LEXIQUE :** Les conditions de travail.

■ **GRAMMAIRE :** Accords sujet/verbe avec les quantificateurs.

■ **FAITS DE LANGUE (1) :** *Face-à-face, tête-à-tête...*

■ **FAITS DE LANGUE (2) :** *Une dizaine, une douzaine, un millier...*

Cette enquête a été réalisée les 11 et 12 juillet 2007 par TNS/SOFRES pour *Le Pèlerin* auprès d'un échantillon national de 1 000 personnes représentatif de l'ensemble de la population âgée de 18 ans et plus, interrogées en face-à-face à leur domicile. Méthode des quotas (sexe, âge, profession du chef de ménage PCS) et stratification par région et catégorie d'agglomération.

1. Par rapport à il y a quelques années, diriez-vous qu'en France, les conditions de travail se sont nettement améliorées, plutôt améliorées, plutôt dégradées ou nettement dégradées ?

Ensemble des Français		Ensemble des personnes actives
Nettement améliorées	4 %	4 %
Plutôt améliorées	28 %	30 %
Plutôt dégradées	44 %	44 %
Nettement dégradées	17 %	14 %

2. Selon vous, parmi ces mots, quels sont ceux qui décrivent le mieux la façon dont la plupart des gens vivent leur travail ?

Ensemble des Français		Ensemble des personnes actives
Le stress	75 %	78 %
L'intérêt	39 %	43 % (52 % chez les 25-34 ans)
Une corvée	28 %	30 %
L'ennui	18 %	19 %
Le plaisir	18 %	20 %
La souffrance	16 %	16 %
Le dynamisme	16 %	19 %

3. Par rapport à il y a quelques années, avez-vous le sentiment que dans votre entourage, au travail, les gens souffrent du stress...

Ensemble des Français		Ensemble des personnes actives
Beaucoup plus	53 %	53 %
Un peu plus	38 %	39 %
Un peu moins	5 %	5 %
Beaucoup moins	0 %	0 %
Sans opinion	4 %	3 %

● ● ●

●●●

4. Parmi les problèmes suivants, quels sont ceux qui vous semblent, aujourd'hui, les plus diffi-ciles à supporter dans le travail ?

Ensemble des Français		Ensemble des personnes actives
L'incertitude face à l'avenir professionnel	54 %	53 %
Le manque de reconnaissance	45 %	49 %
La surcharge de travail	36 %	38 %
Les conditions de travail	36 %	36 %
Les relations avec la hiérarchie	27 %	28 %
Les changements fréquents de façon de travailler	18 %	17 %
Le manque d'intérêt	13 %	14 %
Les relations avec les collègues	12 %	11 %
Des responsabilités trop lourdes	9 %	10 %
Les relations avec les clients	6 %	8 %

■ **1** ■ *En général, que pouvez-vous dire de l'opinion des Français en ce qui concerne l'évolution des conditions de travail ?*

....

....

■ **2** ■ *D'après ces réponses, peut-on imaginer ce que les Français mettent sous le mot de « stress » ?*

....

....

■ **3** ■ *Peut-on dire que les Français...*

a) sont pessimistes face à l'évolution de la situation ?

....

b) craignent par-dessus tout de perdre leur emploi ?

....

c) aimeraient pouvoir prendre plus d'initiative dans leur travail ?

....

d) pensent que les relations avec leurs collègues génèrent beaucoup de stress ?

....

e) souhaiteraient que leur travail soit plus valorisé ?

....

Justifiez votre réponse à l'aide des tableaux.

■ **4** ■ *L'opinion des personnes actives diffère-t-elle de celle de l'ensemble des Français ? Si oui, sur quel(s) point(s) ?*

....

....

....

Le monde des sondages

Des noms

un sondage – une enquête – les personnes interrogées – un échantillon représentatif
la méthode des quotas – une opinion, un avis…
la quasi-totalité des personnes interrogées… – la majorité des Français… – une minorité de Français…
la plupart des gens… – un pourcentage

Des verbes

effectuer, réaliser un sondage – poser une question
penser que, estimer que, juger que, trouver que considérer que, être d'avis que
donner son sentiment, son avis – exprimer une opinion – évoquer, citer, mentionner un fait, une date, un événement…
indiquer + nom ou indiquer que + indicatif

Des adjectifs

les personnes sondées, questionnées, interrogées
être favorable à ≠ hostile à
être partisan de ≠ opposé à
être indécis (sans opinion)

ATTENTION

un Français **sur** trois = 1/3

■ 5 ■ Notez de 1 à 7, du plus grand au plus petit.

a) 40 % ☐   e) une personne sur trois ☐

b) une bonne moitié ☐   f) une faible majorité ☐

c) les deux tiers ☐   g) les trois quarts ☐

d) la quasi-totalité ☐

■ 6 ■ À votre avis, pourquoi on ne peut jamais dire *« demander une question » ?

....

....

■ 7 ■ Quel sens a le mot sentiment dans ces deux phrases ?

a) Je voudrais vous donner mon sentiment personnel sur cette question.

....

....

b) C'est un sentiment que je n'ai jamais éprouvé de toute ma vie.

....

■ Faits de langue (1)

un face-à-face – un tête-à-tête – faire du porte-à-porte – lutter pied à pied (= avec obstination) contre quelque chose – être au coude à coude (= presque à égalité) – se retrouver nez à nez avec quelqu'un (= en face de lui de manière imprévue) – vis-à-vis de… (= à l'égard de, envers)

■ 8 ■ Devinez le sens des expressions soulignées.

a) La route était très glissante et la voiture a fait un tête-à-queue. ....

b) Je l'ai accompagné dans toutes ses démarches, pas à pas. ....

c) Je ne vous ai pas demandé de faire une traduction mot à mot. ....

Accords sujet-verbe avec les quantificateurs

1. Avec les noms collectifs

• Pas d'accord si le nom est seul.
La foule s'est précipitée pour voir le spectacle.
Toute une armée a débarqué le 1ᵉʳ juin.

• Si le nom est suivi d'un complément de nom pluriel, on fait généralement l'accord.
Tout un tas de gens se sont présentés
Mais on peut hésiter. C'est une question de point de vue, de vision :
– si cette vision est « collective », globale, on emploiera plutôt le singulier :
L'ensemble des locataires s'est prononcé contre cette décision. (On insiste sur l'idée d'ensemble, de groupe.)
Une nuée de sauterelles a ravagé la région. (On insiste sur l'aspect compact de cette nuée.)
– si l'accent est mis sur la diversité des éléments, on préférera le pluriel :
Une série d'incidents étranges se sont produits depuis deux mois dans ce village.

2. Avec les fractions, les numéraux...

• Si l'on veut insister plutôt sur la globalité → singulier.
Un tiers des députés seulement a voté la loi sur les plus-values.

• Si l'on considère que le nom est un simple quantificateur → pluriel.
Une quinzaine d'hectares (= 15 ha) ont été ravagés par le feu.
Une douzaine d'heures ont été nécessaires aux pompiers pour venir à bout de l'incendie.

3. Avec les pourcentages
En général, on rencontre le pluriel.
25 % des personnes interrogées ont refusé de répondre.
MAIS
25 % de la population pense que la loi devrait être abolie.
Attention !
– un Français **sur** trois...
– 25 % = vingt-cinq **pour** cent
– 25,5 % = vingt-cinq **et demi** pour cent
MAIS
25, 25 % = vingt-cinq **virgule vingt-cinq** pour cent et non *«vingt-cinq et quart pour cent» qui est
impossible !

▨ Faits de langue (2)
une dizaine, une douzaine, une quinzaine, une vingtaine, une trentaine, une quarantaine… une centaine
MAIS *un millier*

▨ 9 ▨ *Quelle différence faites-vous entre :*

a) *Il y avait 1 000 spectateurs. / Il y avait un millier de spectateurs.*

....
....
....

b) *Je voudrais une demi-douzaine d'œufs. / Je l'ai vu une demi-douzaine de fois.*

....
....
....

■ **10** ■ *Le Parisien/Aujourd'hui a publié, le 7 août 2007, un sondage réalisé par CSA les 1ᵉʳ et 2 août, auprès d'un échantillon de 1001 personnes, représentatif de la population française âgée de 18 ans et plus (méthode des quotas). La question était celle-ci :*

> *Êtes-vous favorable à ce qu'un salarié puisse travailler après 65 ans s'il le souhaite ?*

Réponses :

OUI	63 % des Français
NON	36 %
SANS OPINION	1 %

Voici le détail des réponses :

Cadres et professions libérales :	82 % favorables
Ouvriers :	56 % " "
Employés :	53 % " "
Secteur privé :	63 % " "
Secteur public :	55 % " "

Commentez ces chiffres en quelques lignes.

....

....

....

....

■ **11** ■ *Attention ! Sachons lire les questions d'un sondage ! Relisez très attentivement la manière exacte dont a été formulée la question du sondage. Voici trois titres de journaux commentant ce sondage. En quoi ces titres sont-ils discutables ?*

Les Français veulent travailler plus longtemps

63 % des Français favorables au travail pour tous après 65 ans

Les Français hostiles à la retraite à 60 ans

Argumentez votre réponse.

....

....

....

....

....

....

....

....

■ **12** ■ *En une dizaine de lignes, rédigez un commentaire du sondage, pages 52-53. Vous réutiliserez les réponses que vous avez faites page 53 et le vocabulaire de la page 54. (Vous pouvez, éventuellement, vous aider du corrigé.)*

Dans l'introduction, vous présenterez le sondage (quand? quel organisme de sondage? publié dans quel magazine?)
Vous analyserez ensuite les réponses en indiquant ce qu'elles révèlent, selon vous.
Vous terminerez votre texte par une ou deux phrases élargissant le sujet.

....
....
....
....
....
....
....
....
....
....
....
....
....
....
....
....

MÉLI-MÉLO

Le travail, c'est la santé
Ne rien faire, c'est la conserver

(chanson populaire)

Étymologiquement, le travail vient du mot latin *tripalium*, un instrument de torture.

En français familier, travailler, c'est *bosser, trimer, turbiner, boulonner…*

Le travail, c'est *le boulot* (mais attention : le verbe n'est pas *boulotter!*)

Quelqu'un de travailleur, c'est un *bosseur* (mais non *un bossu!*)

ÉQUIPÉS OU SURÉQUIPÉS?

- **OBJECTIFS FONCTIONNELS :** Commenter un tableau concernant l'évolution d'un phénomène.
- **LEXIQUE :** L'évolution du niveau de vie des Français.
- **GRAMMAIRE :** L'adjectif verbal.
- **FAITS DE LANGUE (1) :** Les noms terminés en *-at*.
- **FAITS DE LANGUE (2) :** Orthographe : *des lave-linge, des lave-vaisselle, des essuie-glaces.*
- **FAITS DE LANGUE (3) :** Formation des adverbes.

ÉQUIPEMENT DES MÉNAGES DES ANNÉES 60 AUX ANNÉES 2000

Logement équipé de…	1962	1973	1984	1996	2004
eau courante	79 %	96 %	99,9 %	99,9 %	99,9 %
salle de bains ou douche	30 %	44 %	70 %	80 %	91 %
WC intérieurs	41 %	72 %	85 %	92 %	96 %
réfrigérateur	42 %	86 %	94 %	97 %	98,9 %
lave-linge	30 %	64 %	82 %	90 %	92,3 %
lave-vaisselle		4,5 %	20 %	35 %	45 %
Ménages ayant… une voiture	30 %	60 %	73 %	78 %	80,7 % (35 % ont 2 voitures ou plus)
téléviseur	15 %	68 %	94 %	94 %	94,8 %
magnétoscope			8 %	68 %	70,6 %
lecteur DVD				1,5 %	47 %
ordinateur				18 %	45 %

Chiffres INSEE, France métropolitaine, ensemble des ménages.

Voici quelques données supplémentaires pour 2004 :

four à micro-ondes	**74,3** %
téléphone fixe	**86,9** %
téléphone portable	**69,6** %
Internet	**30,3** %

Insee, 2004.

Exemple de commentaire de données chiffrées

Entre 1960 et 2000, le niveau de vie des ménages français a considérablement augmenté. Le pouvoir d'achat s'est très fortement élevé, surtout entre 1960 et 1980.

À une alimentation plus riche et plus variée se sont ajoutés une meilleure qualité de l'habitat et un taux d'équipement des ménages en produits électroménagers (près de 100 % aujourd'hui contre 42 % en 1962 pour un réfrigérateur) et en voitures (30 % en 1962 contre plus de 80 % aujourd'hui) qui frôle la saturation.

■ **1** ■ *D'après le contexte, comment comprenez-vous :*

a) considérablement = ...

b) frôler la saturation = ...

■ **2** ■ *Répondez par VRAI, FAUX ou ON NE SAIT PAS.*

	VRAI	FAUX	ON NE SAIT PAS
a) Entre 1962 et 2004, le nombre des salles de bains ou douches a triplé.	❑	❑	❑
b) Entre 1962 et 2004, le nombre des téléviseurs est passé de 15 % à 94,8 %.	❑	❑	❑
c) La moitié des ménages avaient, en 2004, deux voitures ou plus.	❑	❑	❑
d) En 2004, presque un ménage sur deux possédait un ordinateur.	❑	❑	❑
e) Entre 1973 et 2004, le nombre de lave-vaisselle a décuplé.	❑	❑	❑
f) Entre 1962 et 2004, le nombre de lave-linge a presque triplé.	❑	❑	❑
g) En 2004, la quasi-totalité des Français ont un réfrigérateur.	❑	❑	❑
h) Plus d'un ménage sur deux possédait un lecteur DVD en 2004.	❑	❑	❑
i) Les ménages possédant un lecteur DVD possèdent également un ordinateur.	❑	❑	❑
j) Tous les logements ont aujourd'hui l'eau courante.	❑	❑	❑
k) En 2008, un peu plus des deux tiers des Français sont connectés à Internet.	❑	❑	❑
l) Le pourcentage de ménages ne possédant pas de télévision est très faible.	❑	❑	❑

■ **3** ■ *Si vous comparez l'équipement des logements au début des années 60 et quarante ans plus tard, quels sont les principaux changements ?*

....

....

....

....

....

....

....

....

Commenter des données chiffrées (1)

Des noms

les biens d'équipement (produits électroménagers, par exemple)
un ménage (= une unité d'habitation : une famille de dix ou douze personnes, un couple sans enfant ou un célibataire vivant tout seul comptent chacun pour un ménage)
l'augmentation – la hausse
l'expansion (≠ la récession) – la saturation

Des verbes

augmenter – progresser
diminuer – baisser
doubler – tripler – quadrupler… décupler
passer de… à… en X années
parvenir à saturation

Des adjectifs

être équipé, être sous-équipé, suréquipé
fortement – considérablement – sensiblement – nettement…
légèrement

■ **4** ■ *Quel est le sens du mot « ménage » dans les phrases suivantes ?*

a) Voici un document concernant l'équipement des *ménages* en France. ....

b) J'aime bien faire la cuisine mais je déteste faire le *ménage*. ....

c) C'est un jeune *ménage* charmant que nous avons rencontré en vacances. ....

d) Quand il est arrivé avec deux heures de retard, elle lui a fait une belle scène de *ménage*. ....

■ **5** ■ *Donnez trois exemples d'appareils électroménagers.*

....

■ **6** ■ *Barrez l'intrus.*

grandement – facilement – considérablement – énormément – sensiblement – nettement – fortement

■ **7** ■ *Proposez une définition pour les mots soulignés.*

a) J'ai vu dans le journal qu'une famille de Versailles avait eu des quintuplés.

....

b) Ils ont acheté un ravissant duplex rue de Turin.

....

c) Ce célèbre quatuor se produira du 12 au 15 septembre.

....

d) Les décades de Cerisy, consacrées à la littérature ou à la philosophie, sont célèbres.

....

e) Dans les pièces de boulevard, il y a souvent le trio classique : le mari, la femme et l'amant.

....

■ **Faits de langue (1)**
Les noms terminés en -at
Il s'agit de noms de métiers ou de qualités (*un avocat, un magistrat, un candidat*), de noms collectifs – état, fonction – (*le salariat, le syndicat, le patronat, l'artisanat, l'habitat*).
Remarque : tous ces noms suffixés en *-at* sont masculins.
Attention ! *les magistrats / les métiers de la magistrature ; les candidats / poser sa candidature* mais *les avocats / le barreau* (le mot *« avocature »* n'existe pas).

L'adjectif verbal

Les adjectifs verbaux se comportent exactement comme des adjectifs, ils s'accordent avec le nom qu'ils qualifient :

Un film amusant, une histoire amusante.

Ils peuvent…

— varier en intensité :

Une histoire très amusante, assez intéressante.

— entrer dans des propositions comparatives :

Des amis moins amusants, plus intéressants.

— être attributs du sujet :

Elle est intéressante, on les trouve amusants.

Leur terminaison est *-ant* (amusant, intéressant, fascinant…) et, plus rarement, *-ent* (différent, excellent, précédent…).

Parfois, l'adjectif verbal correspond à une relative introduite par QUI : *une attitude provocante* (= qui provoque) ; *des nouvelles étonnantes* (= qui étonnent) ; *la semaine précédente* (= qui précède)…

Mais attention ! ce n'est pas toujours le cas.

■ **8** ■ *Expliquez les expressions suivantes en proposant un équivalent.*

Exemple : *l'année suivante = l'année d'après, l'année qui suit.*

a) une personne méfiante = ...

b) un thé dansant = ...

c) une rue passante = ...

d) une séance payante = ...

e) une rue glissante = ...

f) une aventure inquiétante = ...

g) un poste vacant = ...

h) une tenue voyante = ...

■ **Faits de langue (2)**

Orthographe

des lave-vaisselle, des lave-linge **mais** *des sèche-cheveux, des essuie-glaces, des tire-bouchons*

Dans le cas où le nom est composé d'un verbe + un nom, le verbe est toujours invariable et le nom est singulier ou pluriel selon son sens (on lave **la** vaisselle ou **le** linge mais on se sèche **les** cheveux).

■ **Faits de langue (3)**

Formation des adverbes

Certains adverbes sont formés de deux ou plusieurs mots : *à peine, tout à fait, tout à l'heure, bien sûr, un peu, à peu près…*

Pour certains, les anciennes formes composées se sont, petit à petit, « soudées » : *davantage, aussitôt, bientôt, longtemps, parfois…*

Attention ! Certains adverbes ont subi une modification orthographique : *quelquefois, plutôt…*

Rappel = *la plupart* (et non *« la plus part »*)

■ **9** ■ *Entourez la forme qui convient.*

a) Il y aurait plus *davantage / d'avantage(s)* à choisir la première solution.

b) Pas d'accord ! Moi, je choisirais *plutôt / plus tôt* l'autre solution.

c) À mon avis, on a tout le temps ! Il est *bientôt / bien tôt* pour partir déjà !

■ **10** ■ *À partir des notes suivantes et en vous référant au tableau de la page 58, rédigez un commentaire de quinze lignes environ.*

L'amélioration du niveau de vie en France depuis les années 60

- de 1960 à 2005, pouvoir d'achat des Français à peu près multiplié par 4 (et le PIB* par 5)
- expansion maximale 1945-1973 (les Trente Glorieuses) à croissance 5 % par an (aujourd'hui 2 à 3 % seulement)
- équipement des ménages en biens durables = forte hausse, surtout années 70
- 1960 = 27 % des Français propriétaires de leur logement (56 % aujourd'hui)
- Salaires = inégalités plus faibles en 2005 qu'en 1960

  1960, salaire d'un cadre supérieur = 4,5 fois le salaire d'un ouvrier (aujourd'hui, 2 à 3 % seulement)

  → Moins de pauvreté « nette », moins d'inégalité

MAIS

  → problème de chômage, de travail précaire ou à temps partiel non choisi

  → apparition de « nouveaux pauvres »

- Patrimoine = moins d'inégalité aujourd'hui

MAIS

  → les 5 % les plus riches = 30 % du patrimoine total

  * **PIB** = produit intérieur brut, la richesse nationale.

Votre texte :

....

....

....

....

....

....

....

....

....

....

....

....

....

....

....

■ 11 ■ *Voici un tableau de l'INSEE concernant l'évolution de la consommation des produits alimentaires en France entre les années 70 et les années 2000 et le début de commentaire qui accompagnait ce tableau. À vous de le continuer. Quinze lignes environ.*

	1970	**1990**	**2006**
Pain (en kilos)	80,6	61,7	54
Pommes de terre	95,5	60,7	72
Légumes frais	70,5	86	87,6
Bœuf	15,6	17,1	14,1
Volaille	14,2	21,6	20,6
Poisson	10	14,3	11,5
Fromage	13,8	16,6	18,1
Yaourts	8,5	15,8	21,1
Sucre	20,4	10	6,9
Vin ordinaire (en litres)	95,5	44,7	23,7
Vin supérieur (en litres)	8	22,8	24,2
Eau minérale (en litres)	39,9	90	170,8

Commentaire :
Depuis les années 70, la consommation de produits alimentaires des Français a fortement évolué. Ainsi la quantité annuelle moyenne consommée de pain est passée de 80,6 kg en 1970 à 54 kg en 2006…

....

....

MÉLI-MÉLO

Une minijupe multicolore superjolie !

Complétez avec les mots suivants.
minijupe - ultramince - hyper intéressant - avant-hier - super sympa - non-violente

......................., quand je suis allé à la manifes-

tation .... en souvenir de Gandhi,

j'ai rencontré une très jolie fille ....

en .... de cuir noir très sexy. On a

parlé, elle était .... C'était vraiment

.... de discuter avec elle.

LEÇON 9

QUI PROTÈGE QUI ?

- ■ **OBJECTIFS FONCTIONNELS :** À partir d'un graphique, comparer des données chiffrées.
- ■ **LEXIQUE :** Les dépenses consacrées à la protection sociale dans l'Union Européenne.
- ■ **GRAMMAIRE :** Les modérateurs *(en partie, entre autres, pour la plupart)* – Certaines locutions prépositives *(au cours de, au sein de, à l'opposé de)* – L'adjectif verbal (suite et fin).
- ■ **FAITS DE LANGUE (1) :** Croissance et accroissement.
- ■ **FAITS DE LANGUE (2) :** Prononciation de l'adverbe « plus ».

Statistiques

Le graphique ci-dessus montre la part des dépenses consacrées par l'ensemble des pays de l'Union européenne à la protection sociale d'une population qui s'est accrue de plus de 20 % après l'élargissement de 2004.

Ces dépenses représentent 27,3 % du PIB dans l'Union européenne. Elles peuvent toutefois passer du simple au double d'un pays à l'autre. C'est en Suède qu'elles sont les plus élevées (32,9 %) et en Lettonie qu'elles sont les plus faibles (12,6 %). Et même si les deux autres pays baltes affichent des dépenses un peu plus importantes, 13,3 % pour la Lituanie et 13,4 % pour l'Estonie, il n'en demeure pas moins que les trois pays baltes, pays émergents, enregistrent les dépenses les plus faibles dans l'Union européenne.

Ces écarts entre les pays s'expliquent, en partie, par des niveaux de richesse différents ; ils montrent aussi la diversité des systèmes de protection sociale, de l'évolution démographique, des taux de chômage…

À la lecture du « camembert », il apparaît que les dépenses liées à la vieillesse représentent la part la plus importante des prestations* sociales pour la plupart des pays.

Ce constat vaut en particulier pour l'Italie qui a affecté 61,3 % du total des prestations et 15,4 % du PIB à la fonction « vieillesse ». Ceci est dû, entre autres, à la forte proportion des gens âgés de 60 ans et plus dans

● ● ●

•••

le total de la population. C'est vrai également pour la Pologne (60,1 %), Malte (51,2 %), la Grèce (50,9 %) et la Lettonie (50,0 %) qui se situent nettement au-dessus de la moyenne européenne, dans ce domaine.

En Irlande, par contre, la part des prestations de vieillesse est d'environ 23 % (3,8 % du PIB). Cela vient, en partie, du fait que la population irlandaise est « la plus jeune » d'Europe. En janvier 2004, 15,2 % à peine des Irlandais avaient plus de 60 ans et 28,4 % avaient moins de 20 ans (contre 22,6 % de la population de l'UE à 25).

Les dépenses consacrées à la maladie et aux soins ont également augmenté régulièrement au cours de la période 2000-2004 dans l'Union européenne. Cette croissance se remarque plus particulièrement en Irlande dont les dépenses pour la maladie et les soins ont été les plus importantes (42,1 %) à l'opposé de la Lettonie, de la Lituanie et de la Pologne dont les dépenses se sont établies à moins de 4 % du PIB.

Il est à noter que le logement social est la branche pauvre du camembert.

Au sein de l'Union européenne, les dépenses pour la protection sociale prennent généralement la forme de prestations versées en espèces (67 %). Les 33 % restants sont constitués par des prestations en nature (services sociaux avec hébergement, assistances dans les tâches de la vie quotidienne, réadaptation, services de garde de jour pour enfants, formation professionnelle, services de placement et d'aide à la recherche d'emploi, etc.)

> * **une prestation** : allocation, indemnité attribuée à une personne par une administration ou une entreprise afin de compenser une perte de revenu ou de permettre d'accéder à certains services.

■ **1** ■ *Qu'est-ce qu'un camembert dans ce contexte ?*

....

■ **2** ■ *Que recouvre l'expression « protection sociale » ?*

....

■ **3** ■ *Cochez le pays dont les dépenses pour la protection sociale sont les plus élevées.*

a) La Pologne ☐
b) La Suède ☐
c) Malte ☐

■ **4** ■ *Pour quelles raisons, les dépenses consacrées à la protection sociale sont-elles les plus faibles en Lettonie, Lituanie et Estonie ?*

....

■ **5** ■ *Pourquoi la branche « vieillesse » représente-t-elle la part la plus importante dans les dépenses sociales ?*

....

■ **6** ■ *Pourquoi les dépenses consacrées à la vieillesse sont-elles moins importantes en Irlande ?*

....

■ **7** ■ *Sous quelle forme les pays versent-ils leurs prestations sociales ?*

....

Commenter des données chiffrées (2)

Des noms

un graphique – un camembert – une donnée – un pourcentage – des statistiques – un taux – une augmentation – un accroissement – une croissance – une évolution – l'exclusion sociale – une prestation

---

Des verbes

affecter (une somme) – (s') accroître – augmenter – consacrer – croître – verser

Des adjectifs

restant(e) – élevé(e) – émergent(e) – faible – démographique

Des expressions

il n'en demeure pas moins que + indicatif (= il reste que…)
passer du simple au double (= devenir deux fois plus grand)

■ **8** ■ *Quel est le sens de l'expression:* jouer quitte ou double.

■ **9** ■ *Expliquez le sens des expressions suivantes. (Vous pouvez vous aider d'un dictionnaire.)*

a) 1 000 euros pour ce Picasso? C'est donné !

b) D'accord, je vous rendrai service, mais attention, c'est donnant donnant.

c) Non, non, je ne vous avais rien promis, il y a maldonne.

■ **10** ■ *Remplacez les mots soulignés par des mots que vous trouverez dans le texte (attention aux accords).*

a) Quelques pays ont consacré des sommes importantes à la protection sociale.

b) On constate une augmentation des dépenses sociales.

c) La fonction « logement » ne représente pas la part importante du graphique.

d) Les allocations sociales ont augmenté de 3 %.

e) On constate des différences importantes concernant la protection sociale entre les pays européens.

■ **11** ■ *En vous aidant d'un dictionnaire, donnez le nom formé sur les verbes suivants (faites une courte phrase avec ces noms).*

a) affecter – **b)** exclure – **c)** verser

■ **12** ■ *Utilisez les mots suivants dans les phrases ci-dessous:* démographe, graphique, pourcentage, statistique, taux.

a) Selon les ...., de nombreux états membres de l'Union européenne vont voir leur population décliner à cause de la chute du .... des naissances.

b) L'INSEE est l'Institut national de la .... et des études économiques.

c) Les phénomènes économiques sont souvent représentés par des .... en demi-cercle ou en barres.

d) Ce vendeur n'a pas de salaire fixe; il est payé au .... des ventes.

■ **13** ■ *Consultez Internet et expliquez ce qu'est « un pays émergent ».*

■ **Faits de langue (1)**
Notez la différence entre:
la croissance (qui s'utilise pour les personnes et les choses) et **l'accroissement** (seulement pour les choses).
Cet enfant est en pleine croissance. La croissance démographique est constante dans ce pays.
On a constaté un accroissement de la production.

GRAMMAIRE DE LA PHRASE, GRAMMAIRE DU TEXTE

1. Les modérateurs
Dans des études statistiques, les données ne sont pas toujours clairement détaillées : on utilise donc des expressions qui laissent une part d'imprécision.
Exemples : *entre autres, en partie, pour la plupart*
*Ce pays affecte une part importante de son PIB à la branche « famille et enfants » ; cela s'explique, **entre autres**, par une augmentation de la natalité* (sous-entendu, il y a d'autres facteurs dont on ne parle pas).
*Les prestations sont versées, **en partie**, en nature* (mais il y a d'autres sortes de versement dont on ne parle pas).
*Les pays européens, **pour la plupart**, consacrent une partie importante de leur PIB aux dépenses de santé* (la plus grande partie des pays européens, mais on ne dit pas lesquels).

■ **14** ■ *Rédigez trois phrases dans lesquelles vous utiliserez les trois expressions suivantes :* entre autres, en partie, pour la plupart.

2. Des locutions prépositives
au cours de, au sein de, à l'opposé de

■ **15** ■ *Remplacez les expressions soulignées par l'une de ces locutions prépositives.*
a) <u>Pendant</u> les quinze dernières années, on a assisté à une forte augmentation du chômage.
b) L'Union européenne connaît un vieillissement de sa population <u>contrairement aux</u> pays émergents.
c) Il existe de grandes différences <u>à l'intérieur de</u> la communauté européenne.

3. L'adjectif verbal (suite et fin)
Petite particularité : les verbes en *-ger* ont un participe présent en *-geant* (*arrangeant, engageant, affligeant*) et un adjectif verbal en *-geant* (qui s'accorde). Ainsi on aura :
*Des paroles encoura**geantes**, des professeurs exi**geants**…*
Mais les verbes **converger, diverger, émerger, négliger** ont un participe présent en **-geant**, et un adjectif verbal en **-gent** :
***Négligeant** son travail, il sera licencié.* MAIS : *C'est une personne **négligente**.*

■ **16** ■ *Remplacer l'infinitif entre parenthèses par un adjectif verbal.*
a) On nous a présenté l'équipe (diriger) .... de l'entreprise.
b) L'entraîneur criait des paroles (encourager) .... à son équipe.
c) Ils ont des opinions complètement (diverger) .... sur de nombreux sujets.
d) Elle aimait bien porter des décolletés (plonger) ....
e) Ne lui fais pas confiance : elle est capricieuse et (changer) ....
f) Les problèmes de la pollution se posent d'une façon dramatique dans les pays (émerger) ....

■ **Faits de langue (2)**
Comment prononcer l'adverbe comparatif « PLUS » ?
Cet adverbe qui modifie un verbe, un adjectif, ou un adverbe se prononce [ply] devant consonne, [plyz] devant voyelle, [plys] à la finale.
Lorsqu'il est associé à la préposition « de », il se prononce [ply] :
*Ce pays consacre **plus de** 60 % aux prestations « vieillesse ».*
À la finale, il se prononcera [plys] : *Il en consacre **plus**.*
Mais aujourd'hui, dans la langue parlée, on entend de plus en plus souvent, devant la préposition « de », le « **s** » final de l'adverbe : *Il consacre **plus** [plys] de 20 %.*

■ **17** ■ *Lisez et commentez ce graphique de barres en répondant aux questions suivantes:*

Graphique de la natalité en Europe

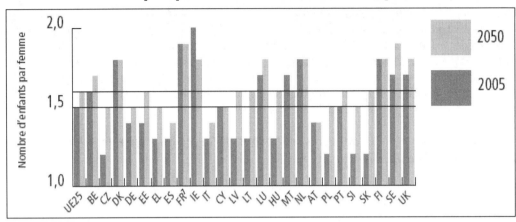

Vérifier sur Internet la signification des sigles.

Pour l'année 2005

1. Quels sont les deux pays qui montrent le plus haut taux de natalité?

....

2. Développez les raisons qui peuvent expliquer ce fort taux de natalité.
– Pays de forte tradition catholique?
– IVG (interruption volontaire de grossesse) interdite ou libéralisée depuis peu?
– Aides, allocations familiales importantes, assistantes maternelles, nombreuses places en crèches, entrée en maternelle dès l'âge de 3 ans...?
(Aidez-vous d'Internet pour donner vos réponses.)

....

....

....

3. Que pensez-vous de la natalité des derniers états membres (Hongrie, Lituanie, Lettonie, Estonie, Pologne, République Tchèque, Slovaquie, Slovénie, Chypre, Malte)?

....

....

....

4. Quels sont les pays dont le taux de natalité se situe à 1,5 ou dépasse 1,5? Commentez brièvement ce résultat.

....

....

5. Que révèlent les prévisions pour 2050? Développez en quelques lignes.

....

....

....

■ **18** ■ *Selon une étude Eurobaromètre, en 2001, plus de la moitié des Européens (Europe des 15) affirment pouvoir parler une langue en plus de la leur. Les langues les plus parlées sont l'anglais, le français et l'allemand. Le russe est également une langue très répandue dans les 10 nouveaux états membres qui ont rejoint l'UE en 2004.*

	ANGLAIS	FRANÇAIS	ALLEMAND
BE	37 %	32 %	16 %
CZ	24 %	3 %	27 %
DK	79 %	8 %	48 %
DE	44 %	12 %	
EE	29 %	1 %	13 %
EL	36 %	4 %	5 %
ES	18 %	7 %	1 %
FR	32 %		7 %
IE		15 %	4 %
IT	28 %	18 %	3 %
CY	57 %	6 %	2 %
LV	23 %	1 %	14 %
LT	20 %	2 %	13 %
LU	46 %	85 %	81 %
HU	14 %	2 %	13 %
MT	84 %	9 %	2 %
NL	75 %	12 %	57 %
AT	55 %	9 %	
PL	21 %	3 %	16 %
PT	22 %	16 %	3 %
SI	46 %	4 %	38 %
SK	13 %	2 %	20 %
FI	50 %	1 %	12 %
SE	76 %	16 %	22 %
UK		11 %	6 %

Commentez ce tableau en répondant aux questions suivantes:

1. Quelle est la langue la plus répandue en Europe? Pourquoi à votre avis?

2. Quelles différences voyez-vous entre les pays du nord et les pays du sud?

3. Quelles différences voyez-vous entre les anciens pays européens et les 10 nouveaux états membres qui ont adhéré en 2004?

4. Commentez la situation des pays limitrophes de la France.

5. Commentez la situation des pays limitrophes de l'Allemagne.

6. Quel est le pays le plus francophone? Est-ce que cela peut sembler étonnant?

7. Quel est le pays qui pratique le plus les trois langues? Essayez de donner les raisons de ce trilinguisme.

Jouons avec les mots

Part, partie, portion, proportion…? Entourez le mot qui convient.

Quand je mange un gâteau, je n'en prends qu'*une part / une partie / une portion / une proportion.*

Les prisonniers se plaignent de la maigre *partie / part / portion / proportion* de viande qu'on leur sert.

Quelle *part / partie / proportion / portion* de sucre et de farine y a-t-il dans ce gâteau?

Ce que vous dites est, en grande *part / partie / portion / proportion,* vrai!

Quelques expressions formées à partir de deux mots semblables

En français, on trouve de nombreuses expressions formées de deux mots semblables comme :

Bord à bord = en mettant un bord contre l'autre, sans les croiser.
C'est une veste bord à bord.

Bouche-à-bouche = procédé par lequel on insuffle avec la bouche de l'air dans la bouche de l'asphyxié.
Pratiquer, faire le bouche-à-bouche à un noyé.

Bout à bout = unir, joindre.
Mettez les planches bout à bout.

Corps à corps = en serrant le corps de l'adversaire contre le sien, dans une lutte.
Combattre, lutter corps à corps.

Côte à côte = l'un à côté de l'autre.
Les deux amis marchaient côte à côte.

Coude à coude = très proche l'un de l'autre.
Dans la foule, nous étions au coude à coude.

Dos à dos = refuser de donner l'avantage à l'un ou à l'autre.
J'ai renvoyé les deux adversaires dos à dos.

Face à face = les faces tournées l'une vers l'autre.
Soudain, je me suis trouvé face à face avec mon ami. / Un face-à-face
(= **débat**) *a été organisé entre les deux candidats.*

Goutte à goutte = une goutte après l'autre.
Le sang coulait goutte à goutte de la plaie. / On a installé un goutte-à-goutte (= **appareil médical**) *pour nourrir le malade.*

De gré à gré = en se mettant d'accord.
Nous avons réglé cette affaire de gré à gré.

Mot à mot = littéral(e).
C'est une traduction mot à mot.

Nez à nez = face à…
Je ne voulais pas le voir, mais en sortant je me suis retrouvé nez à nez avec lui.

Petit à petit = peu à peu, progressivement.
Petit à petit, la police a accumulé des preuves de la culpabilité de l'accusé.

Peu à peu = petit à petit.
Peu à peu, nous atteignons notre but.

Pied à pied = en se défendant avec excès.
Il a lutté pied à pied.

Quatre à quatre = très vite.
Il a monté l'escalier quatre à quatre.

Tête à tête = ensemble et seuls (en parlant de deux personnes) ; seul à seul.
Les deux jeunes gens ont eu un entretien en tête à tête. / C'était un tête-à-tête (= **rendez-vous**) *amoureux.*

Terre-à-terre = prosaïque, peu poétique, matériel, plat.
C'est un homme terre-à-terre.

Tour à tour = l'un, puis l'autre (l'un après l'autre).
Nous lisions tour à tour dans un grand livre de contes.

Vis-à-vis = qui se font face.
Les voyageurs assis en vis-à-vis se regardaient sans se voir.

Bilan autocorrectif

Maintenant vous savez...

A – Commenter des données chiffrées.

■ 1 ■ Parmi les verbes suivants, lequel ne sert pas à exprimer une opinion ? .../1

compléter – considérer – déclarer – estimer – être d'avis – penser – trouver – juger

■ 2 ■ Reliez les expressions identiques. .../1

a) un tiers des Français   1) un Français sur deux
b) la moitié des Français   2) 20 % des Français
c) un quart des Français   3) tous les Français
d) les Français sont unanimes   4) 25 % des Français
e) un Français sur cinq   5) 33 % des Français

B – Faire les accords sujet-verbe avec les quantificateurs.

■ 3 ■ Choisissez la forme qui vous paraît préférable. .../4

a) 1) Un troupeau de vaches était dans le pré.
   2) Un troupeau de vaches étaient dans le pré.

b) 1) Un grand nombre de vaches était dans le pré.
   2) Un grand nombre de vaches étaient dans le pré.

c) 1) Une quinzaine de personnes s'est présentée à l'examen.
   2) Une quinzaine de personnes se sont présentées à l'examen.

d) 1) 33 % des personnes interrogées pense que la réforme est nécessaire.
   2) 33 % des personnes interrogées pensent que la réforme est nécessaire.

C – Utiliser le lexique servant à quantifier.

■ 4 ■ Quel nom correspond aux verbes ? .../3

a) croître = ...   d) baisser = ...
b) accroître = ...   e) multiplier = ...
c) diminuer = ...   f) atténuer = ...

■ **5** ■ **VRAI ou FAUX?** .../3

	Vrai	Faux
a) Une décennie, c'est une période de dix ans.	❏	❏
b) Un hexagone, c'est une figure géométrique à quatre côtés.	❏	❏
c) Un quinquagénaire a environ 50 ans.	❏	❏
d) Le Quartier latin occupe un quart de la surface de Paris.	❏	❏
e) Un demi de bière, c'est un demi-litre de bière.	❏	❏
f) Décupler, c'est multiplier par dix.	❏	❏

■ **6** ■ **Entourez le mot qui convient.** .../2

a) Selon ce *démocrate / démographe* qui travaille à l'INSEE, le pourcentage des personnes au-dessous du *seuil / sol* de pauvreté tend à baisser.

b) La France a connu une très forte *expansion / expression / extension* entre 1945 et 1975.

c) La part affectée aux *prestations / protestations / prospections* sociales en Europe représente plus du quart du PIB.

d) Ne vous disputez pas. Chacun aura *sa part / sa partie / sa proportion* du gâteau !

D – Comprendre le sens de certains adjectifs verbaux et les orthographier correctement.

■ **7** ■ **Expliquez le sens du mot souligné.** .../2

a) un sourire <u>éclatant</u> = ...

b) un film <u>décevant</u> = ...

c) une expression <u>courante</u> = ...

d) une grève <u>payante</u> = ...

■ **8** ■ **Quel est l'adjectif verbal qui correspond au verbe ?** .../4

a) fatiguer = ...   **c)** exiger = ...

b) changer = ...   **d)** convaincre = ...

COMPTEZ VOS POINTS

De 15 à 20 : bravo ! Les exercices n'étaient pas faciles. Passez à l'Unité suivante.

De 10 à 15 : attention à l'expression de la quantité. Revoyez en particulier *Des mots pour le dire* leçon 8.

Si votre point faible concerne les deux derniers exercices, reportez-vous aux pages *Grammaire* des leçons 8 et 9.

Moins de 10 : revoyez les corrections des travaux d'expression écrite. Ou mieux encore, essayez de refaire *Expression écrite* (2) de la leçon 8 et *Expression écrite* (1) de la leçon 9.

COMMENT ÉCRIRE UN ESSAI, UN RAPPORT, COMMENT ÉLABORER UN PROJET?

• L'ESSAI

L'essai est un texte argumentatif qui parle de la réalité.
• Il traduit une subjectivité : l'auteur apparaît dans le texte et il s'adresse à un lecteur. Il s'agit d'une réflexion personnelle et partielle où l'auteur expose ou analyse des sujets qui n'appartiennent pas forcément à sa sphère d'étude.
• L'essai veut produire un effet : il cherche à convaincre le destinataire. Il veut même parfois le séduire.
• Il propose une discussion d'idées ; il peut s'interroger sur un problème existentiel. Les sujets abordés sont extrêmement variés : politique, société, culture, morale, religion… Mais il n'est ni démonstratif ni exhaustif. C'est un point de vue parmi d'autres et c'est le domaine de la liberté. Liberté dans le choix du sujet, dans la réflexion, liberté dans l'organisation du texte et dans sa dimension…

• LE RAPPORT

Le rapport est un compte rendu plus ou moins officiel qui présente l'état des choses à propos d'un fait de société, d'un problème local, national ou international…
Le rapport doit impérativement avoir un plan visible. On doit y voir : une introduction, deux ou trois parties et une conclusion.
L'introduction : présente le sujet. **La première partie** : montre la situation de départ, l'état des connaissances. **La deuxième partie** : approfondit le sujet par un questionnement sur les observations de la première partie. **Les autres parties** (éventuellement) : donnent les résultats des recherches, les solutions suggérées.
La conclusion : propose un bilan et des prolongements possibles.

• LE PROJET

C'est un plan qu'on élabore pour soi, pour autrui ou pour toute une communauté, voire pour un pays. Au départ, le projet n'offre rien de certain sauf peut-être le désir de vouloir faire quelque chose. C'est ce qui impose les différentes démarches qui suivent.
Ainsi, il faut :
– **identifier le projet** : identifier un désir, un besoin, un problème.
– **prospecter le terrain** : il convient d'analyser l'environnement économique, social, culturel et politique ; il faut : étudier les besoins et les problèmes ; interroger les bénéficiaires du projet ; recueillir des informations auprès des organismes et des personnes impliqués dans le même domaine ; ouvrir une concertation avec les autorités locales et nationales…
– **étudier les possibilités d'agir** : sur le plan financier, matériel, humain et organisationnel.
– **élaborer le projet** : analyser les informations obtenues lors de la phase de prospection.
– **soumettre le projet** : présenter le projet à des organisations régionales, nationales, internationales, à des associations, à des sociétés privées, à des groupes, à des amis…

LEÇON 10

LANGUE D'HIER, LANGUE D'AUJOURD'HUI

■ **OBJECTIFS FONCTIONNELS :** Écrire un essai.

■ **LEXIQUE :** La langue, le langage.

■ **GRAMMAIRE :** La phrase nominale – La conjonction : *à peine… que…*

■ **FAITS DE LANGUE (1) :** L'article défini pluriel « les » devant un nom propre.

■ **FAITS DE LANGUE (2) :** L'auxiliaire du verbe *passer*.

En ce qui concerne l'histoire de la langue, nous pouvons faire les constatations suivantes : à une période d'inventions foisonnantes* où la langue dans une totale liberté engrangeait* des mots nouveaux, façonnait des structures, empruntait au monde extérieur sa vigueur, sa vérité, sa rudesse, son obscénité* même, a succédé une période où la langue s'est apaisée, contrôlée, affinée, appauvrie peut-être.

C'est de la cour du roi qu'est partie cette transformation. La langue s'est polie, tout en se déployant avec une majesté comparable à celle qui lui servait de décor. Et de la cour, elle s'est glissée dans les rues de la ville, dans les « ruelles* » des grandes dames. Elle s'est appliquée à traduire le plus exactement possible les troubles et les désordres du cœur, les subtilités de l'âme.

Peu à peu elle est devenue cet instrument de beauté, d'élégance qui enchante encore aujourd'hui les professeurs et quelques amateurs passionnés. Et puis la langue a évolué. Mais elle a évolué avec une lenteur, une mesure qui permettait à ses usagers de s'habituer aux formes insolites, aux mots tout neufs, de les accueillir, de les absorber.

Les années, les siècles ont passé, apportant leurs modifications ; certains mots ont été abandonnés, des mots nouveaux ont été adoptés ; on a créé des néologismes qui reflétaient les transformations de la société, le bouleversement des idées, les avancées de la science et on a vu cohabiter une langue qui allait son petit bonhomme de chemin et une langue qui se cherchait, tentait des expériences nouvelles, se travaillait, pour trouver des formes différentes, une expression originale.

Et nous voilà arrivés à cette époque qui est la nôtre. Époque étrange, époque de vitesse excessive. Tout vit à cent à l'heure. Plus de contemplation désintéressée, de maturation lente, de longue attente !

La langue a suivi le mouvement et a subi ainsi diverses influences.

On n'a pas le temps d'aller au bout de ses mots ; trop long ! Alors on abrège. Les formes anciennes ennuient, alors on passe à autre chose. À peine s'est-on habitué à certaines nouveautés que d'autres surviennent. C'est ce que révèle le parler des « jeunes », inventif, toujours renouvelé, avec ses mots tronqués (*resto, cata*), ses termes argotiques, ses emprunts, ses inversions de syllabes (*meuf, keuf, teuf*), parfois savoureux, souvent incompréhensible pour certains… ; c'est ce que montre aussi le parler des médias, avec ses modes lexicales et grammaticales constamment changeantes et souvent erronées.

●●●

●●●

Enfin, fait inédit, jamais imaginé! Ce n'est plus la cour du roi qui imprime à la langue son style. Ce ne sont plus les grammairiens, les linguistes, ce ne sont plus les Vaugelas, les Richelet* qui fixent les formes, qui dictent les règles. C'est la technologie! La technologie est en train de soumettre la langue. Nous assistons, peut-être, à une vraie révolution, à la naissance d'une langue nouvelle. Une langue où les voyelles disparaîtraient peu à peu, où le vocabulaire s'appauvrit, une langue qui prend des raccourcis et qui en même temps se donne des codes rigides.

C'est la rapidité d'exécution de l'ordinateur, c'est la place réduite de l'écran du téléphone portable qui ont donné le « la ». Les SMS, les blogs rapides, les messageries paresseuses, tout concourt pour créer une langue qui se réduit et qui du coup, n'a plus rien à dire. Une langue qui, par exemple pour parler d'amour, ne saurait plus qu'écrire ces trois lettres JTM.

Certains constatent cet état de choses, d'autres le déplorent ou s'en félicitent; il me semble qu'on pourrait, à tout le moins, s'interroger sur le phénomène.

Anatole de Vaugirard, 2007.

* **foisonnant(e)** = abondant(e). – * **engranger** = réunir pour conserver. – * **une obscénité** = une grossièreté. – * **la ruelle** = ici, l'espace entre le mur et le lit où certaines femmes de haut rang, au XVIIᵉ siècle, recevaient leurs visiteurs. Ces lieux sont devenus des salons littéraires. – * **Vaugelas** et **Richelet** = grammairien et lexicographe du XVIIᵉ siècle.

■ 1 ■ *Pourriez-vous situer dans le texte les quatre périodes historiques et littéraires rapidement et sommairement évoquées par l'auteur?*

a) Le XVIᵉ siècle : ....

b) Le XVIIᵉ siècle : ....

c) Le XIXᵉ et le XXᵉ siècle : ....

d) Le XXIᵉ siècle : ....

■ 2 ■ *Quelle est la grande différence, selon l'auteur du texte, entre les époques antérieures et la nôtre? Qu'en pensez-vous?*

....

....

■ 3 ■ *Écrivez-vous vous-même des SMS, participez-vous à des blogs, à des forums?*
Utilisez-vous cette langue en raccourci et que pensez-vous de cet usage de la langue?

....

....

■ 4 ■ *Sentez-vous un optimisme ou un pessimisme dans ce texte? Développez et justifiez votre réponse.*

....

....

DES MOTS POUR LE DIRE

Langue et langage

Des noms

la langue – le langage – le parler – le vocabulaire – un mot – un terme – un néologisme – la troncation
l'inversion des syllabes (= le verlan) – l'argot
un linguiste – un grammairien – un lexicographe – un usager (de la langue)

Des verbes

façonner – abandonner, adopter des mots – polir

Des adjectifs

argotique – savoureux – tronqué – docte – érudit

Des expressions

aller son petit bonhomme de chemin (= poursuivre son entreprise sans hâte, sans bruit, mais sûrement)
vivre à cent à l'heure (= vivre très rapidement)
donner le la (= donner le ton, l'exemple)

■ **5** ■ *Entourez la bonne réponse.*

a) Le néologisme est *un animal préhistorique / un mot nouveau / un type d'erreur.*
b) La troncation est *une machine-outil qui sert à découper / un procédé d'abrègement d'un mot / une maladie des poumons.*
c) Un lexicographe écrit *la vie des grands hommes / la loi / des dictionnaires.*
d) L'argot est *un langage particulier à un groupe de personnes / un vêtement d'hiver / un oiseau exotique.*
e) Un usager est *un vieux vêtement / une mauvaise habitude / un utilisateur.*

■ **6** ■ *Le verlan inverse les syllabes. Reliez les mots des deux colonnes de manière à retrouver ceux qui ont le même sens en langue standard et en verlan.*

Langue standard	Verlan
a) une femme	**1)** chébran
b) un homme (un mec)	**2)** chelou
c) un policier (un flic)	**3)** ripou
d) louche	**4)** ouf
e) lourd	**5)** zarbi
f) pourri	**6)** keum
g) bizarre	**7)** meuf
h) fou	**8)** teuf
i) fête	**9)** relou
j) à la mode (branché)	**10)** keuf

■ **7** ■ *Quel rapport pourriez-vous établir entre ces deux expressions qui comportent le mot « poli ».*

a) Une personne *polie.*   **b)** La langue se *polit.*

....

■ **8** ■ *Barrez l'intrus.*

abrègement – troncation – abrogation – réduction – raccourci

■ **Faits de langue (1)**
Les Vaugelas, les Richelet
Vaugelas et Richelet sont des noms propres. Normalement, on ne met pas d'article devant les noms propres. Mais si on veut parler de personnes qui ont une ressemblance avec un individu, on met l'article défini pluriel devant le nom de cet individu. **Les Vaugelas** signifient tous les grammairiens qui auraient pu jouer un rôle analogue à celui de Vaugelas. **Les Richelet** désignent tous les lexicographes qui ressembleraient à Richelet.

GRAMMAIRE DE LA PHRASE, GRAMMAIRE DU TEXTE

1. La phrase nominale ou phrase sans verbe

Elle peut se présenter sous la forme d'un énoncé à un seul terme : *Mes clés!* ou à deux termes : *Superbe, ce tableau!*
Elle est particulièrement expressive.
On rencontre la phrase nominale dans :
– certains proverbes, certaines maximes : *Chacun pour soi et Dieu pour tous!*
– la langue parlée, par économie, pour aller plus vite : *Ce film, quel ennui!* (à la place de : *Comme ce film est ennuyeux!*)
– dans les énoncés exclamatifs : *Géniale, cette BD!*
– dans la langue écrite pour :
• noter un fait nouveau : *Hier, nous avons eu une tempête épouvantable. Aujourd'hui,* **calme plat**.
• planter un décor : *La montagne est devant nous,* **majestueuse**. *Sommets couverts de neige,* **forêt profonde**!
Elle peut être assertive, *(aujourd'hui, calme plat);* exclamative *(Ciel, mon mari!)*, interrogative *(À quelle heure le prochain train?)* négative *(Plus de contemplation désintéressée, de maturation lente, de longue attente!)*

■ **9** ■ *Transformez les phrases suivantes en phrases nominales.*

a) Cette fête est magnifique. ....

b) Combien coûte ce collier? ....

c) Je vous adresse toutes mes félicitations. ....

d) Heureusement, après cette chute, je n'ai pas une seule égratignure. ....

e) Nous sommes sauvés, Dieu merci! ....

f) Je vous présente mon fils Arthur. ....

2. Une structure particulière : la subordination inverse

Voici une phrase complexe qui exprime l'idée du temps :
Dès qu'on s'est habitué à certaines nouveautés, d'autres surviennent.
Pour donner une impression de plus grande rapidité de l'action, on utilisera une structure spéciale à l'aide de quelques expressions comme : *à peine... que; ne pas plus tôt... que, ne pas encore... que.* Il faut noter que la proposition principale se trouve après le mot « que ». C'est ce qu'on appelle la subordination inverse.
À peine s'est-on habitué à certaines nouveautés (proposition subordonnée) *que d'autres surviennent* (proposition principale).
On ne s'est pas plus tôt habitué à certaines nouveautés (proposition subordonnée) *que d'autres surviennent* (proposition principale).
On ne s'est pas encore habitué à certaines nouveautés (proposition subordonnée) *que d'autres surviennent* (proposition principale).
Il faut noter qu'avec l'adverbe « à peine » en tête de phrase on utilise dans la langue écrite l'inversion du verbe, de l'auxiliaire et du sujet.
On peut placer « à peine » à l'intérieur de la phrase. Dans ce cas, il n'y a pas d'inversion.
À peine s'est-on habitué... que d'autres surviennent.
On s'est à peine habitué... que d'autres surviennent.

■ **10** ■ *Transformez la phrase suivante de manière à utiliser la structure de la subordination inverse.*

Aussitôt qu'il se met au lit, il s'endort. ....

■ Faits de langue (2)
L'auxiliaire du verbe « passer »

Le verbe « passer » au sens propre est un verbe de mouvement et il prend l'auxiliaire « être ».
Je suis passée par la rue Victor Hugo pour me rendre au rendez-vous.
Lorsqu'il signifie « s'écouler » en parlant du temps, il prend normalement l'auxiliaire « avoir ».
Le temps a passé. Les mois et les années ont passé.
De même pour parler des couleurs :
La couleur de la tapisserie a passé.

■ **11** ■ *Écrivez un essai sur l'évolution de votre langue depuis 4 ou 5 siècles.*

Voici, pour vous aider, quelques caractéristiques de l'essai :

- L'essai est une prise de parole subjective, dans un style clair et simple qui convient à l'analyse.
- La première personne du singulier, le « je », est souvent employée.
- L'auteur explore la réalité, à travers une discussion d'idées.
- Le ton est engagé, persuasif.
- Mais il n'est pas démonstratif. Il ne doit pas montrer d'intolérance.
- Il propose plutôt une réflexion libre sur un sujet donné.
- On peut introduire des citations, des exemples…

....
....
....
....
....
....
....
....
....
....
....
....
....
....
....
....
....
....
....
....
....
....
....

■ **12** ■ *Écrivez un essai sur le sujet de votre choix :*

1) L'influence d'Internet sur la langue.
2) L'élection d'un président de la République au suffrage universel direct.
3) La chirurgie esthétique.

....
....
....
....
....
....
....
....
....
....
....
....
....
....
....
....

MÉLI-MÉLO

À l'endroit ou à l'envers ?

Retrouvez le français standard dans ces expressions en verlan :

Laisse béton !
Ne golri pas !
Ce keum est ouf !
C'est quoi cette zicmu ?
En tromé ou en turvoi ?

ARBRES, PARCS ET JARDINS

■ **OBJECTIFS FONCTIONNELS :** Écrire un rapport.

■ **LEXIQUE :** Les jardins, les parcs, les arbres, les fleurs, les ordures…

■ **GRAMMAIRE :** La valeur stylistique des temps – Les inversions verbe/sujet.

■ **FAITS DE LANGUE (1) :** Noms communs tirés de noms propres.

■ **FAITS DE LANGUE (2) :** Le suffixe *-iser* dans la formation des verbes.

Rapport fait à la demande d'une commission de quartier.
Rapporteur : Mme Dutronc.

« Il faudrait construire les villes à la campagne, l'air y est tellement plus pur. »

Cette phrase d'un humoriste pourrait ne plus sembler paradoxale aux citadins d'aujourd'hui qui aimeraient faire de leur ville un havre* de verdure, où, leur semble-t-il, on vivrait beaucoup mieux.

En effet, les espaces verts remplissent des fonctions essentielles dans un milieu urbain dense : une fonction sociale puisqu'ils contribuent à la détente des habitants, une fonction esthétique : ils apportent de la beauté dans la ville, et une fonction écologique dans la mesure où ils sont un facteur d'équilibre de l'écosystème urbain. Pour la population parisienne, la présence des espaces verts constitue un critère important pour juger de la qualité du cadre de vie.

Le nouvel état des lieux

– Entre 2001 et 2008, les Parisiens auront vu leurs espaces verts augmenter de 32 hectares. La mairie, qui avait prévu d'en gagner 30, a donc vu ses objectifs dépassés.

– Depuis 2001, la ville a créé 40 nouveaux jardins et squares auxquels se sont ajoutées 32 « promenades* ».

Les plantations d'arbres sont passées de 200 en 2001-2002 à 1 300 en 2005-2006. Et on peut dire que si la capitale française n'est pas la ville la plus verte d'Europe, elle en est du moins la plus boisée avec ses 478 000 arbres.

Cependant, il faut noter que les arrondissements de la ville ne sont pas dotés de façon homogène en jardins et espaces verts. Ainsi certains arrondissements comme le 2e ou le 9e disposent de moins de 1 m^2 d'espaces verts par habitant alors que le 1er, avec les Tuileries, en offre plus de 20. Aussi la mairie a-t-elle souhaité corriger ce déséquilibre en engageant une politique d'acquisition de terrains industriels ou ferroviaires pour créer de nouveaux jardins ; cela s'est fait parfois au détriment des mal-logés, puisqu'on a ainsi réduit le nombre des logements neufs prévus. C'est ce qui s'est passé dans le 19e arrondissement où les Jardins d'Éole, qui s'étendent sur 4,2 hectares, ont vu le jour dans un quartier défavorisé où la demande de logements est très forte.

Une nouvelle gestion des espaces verts

La politique de gestion de la Direction des parcs, jardins et espaces verts a été profondément remaniée ces dernières années. Elle vise désormais à offrir au public des espaces verts 100 % écologiques. Cela implique :

– la réduction de l'utilisation des traitements chimiques ; celle-ci a déjà diminué de 90 % depuis 15 ans.

– la mise en place de méthodes alternatives ; on se sert d'insectes « auxiliaires » pour combattre les insectes ravageurs* de plantes. C'est le cas de la coccinelle qui permet de contrôler les attaques de pucerons.

– la gestion économe de la ressource en eau.

●●●

•••

– le développement de la faune, de la flore et de la biodiversité.

– la plantation de végétaux nécessitant peu d'entretien et sans OGM; le souci de privilégier les plantes « indigènes » aux dépens des espèces exotiques: les coquelicots, les bleuets et les marguerites qui avaient presque entièrement disparu refleurissent sur les talus et les pelouses.

– une limitation des nuisances sonores et atmosphériques.

– une incitation du public au respect de l'environnement (maîtrise des animaux domestiques, mise en place d'un système de tri sélectif des déchets avec l'installation de nombreuses poubelles différenciées).

Quelles perspectives?

En 2007, cette gestion écologique a fait l'objet d'audits*, réalisés par un organisme indépendant, Écocert. La ville a en effet souhaité avoir un regard extérieur pour évaluer la performance environnementale et constater les adaptations nécessaires à la poursuite de cette politique écologique. Au total 59 espaces verts ont été labellisés*, d'autres suivront sans doute.

* **un havre** = un abri, un refuge. – * **une promenade** = ici, un lieu aménagé dans une ville, pour les promeneurs. – * **ravageur** = qui détruit, ravage, destructeur. – * **un audit** = une procédure de contrôle d'une gestion. – * **labelliser** = donner un label, une marque qui garantit l'origine ou la qualité d'un produit.

▨ **1** ▨ *Que pensez-vous de la phrase titre:* « *Il faudrait construire les villes à la campagne, l'air y est tellement plus pur.* »?

....

▨ **2** ▨ *En quoi les espaces verts ont-ils une fonction sociale et esthétique?*

....

....

▨ **3** ▨ *La ville de Paris favorise la création d'espaces verts parfois au détriment de logements sociaux. Qu'en pensez-vous?*

....

....

▨ **4** ▨ *Expliquez ce que signifie les termes:* biodiversité *et* écosystème. *Servez-vous d'Internet.*

....

....

▨ **5** ▨ *Pour quelle raison la ville demande-t-elle des audits?*

....

....

Parcs et jardins

Des noms

le parc – un espace vert – un square – le bois – la forêt – la faune – la flore – une essence
la biodiversité – l'environnement – l'écosystème – le traitement
un(e) citadin(e) – un audit

Des verbes	**Des adjectifs**
planter – traiter – tondre	écologique – boisé – végétal – urbain – citadin

6 **Polysémie : un seul mot, plusieurs sens, selon le contexte. Donnez un mot ou une expression synonymes des termes suivants :**

1) **traitement**
a) Que faire quand on se rend compte qu'un enfant est victime de mauvais traitements ?
b) Le traitement que reçoit ce modeste employé ne lui permet pas de faire vivre convenablement sa nombreuse famille.
c) L'état du malade ne s'améliorait pas ; le médecin a décidé de changer le traitement.
d) Les traitements chimiques des plantes devraient être réduits.
e) Le traitement écologique d'un jardin demande une modification profonde des habitudes anciennes.

2) **essence**
a) Que voulez-vous ? De l'essence ordinaire ou de l'essence sans plomb ?
b) Quelle est l'essence d'un être humain ?
c) Cette forêt est plantée des essences les plus rares.
d) Ce parfum est composé d'essences de lavande, de bergamote et de violette.

7 **Précisez le sens de ces mots qui n'ont pas tous la même origine mais qui se ressemblent :**

a) un audit = ...
d) un on-dit = ...

b) un édit = ...
e) un non-dit = ...

c) un lieu-dit = ...

8 **Choisissez :** urbain, citadin, citoyen ?

a) Un bon .... doit voter.

b) Le milieu .... n'est pas toujours favorable au développement des espaces verts.

c) Le .... a besoin d'espaces verts que sa ville ne lui offre pas toujours.

9 **Trouvez, dans le texte, le mot qui pourrait être le contraire du terme :** « indigène ».

....

Faits de langue (1)
Quand des noms propres deviennent des noms communs :
POUBELLE : (Eugène René), vécut de 1831 à 1907. Préfet de la Seine, il imposa l'utilisation d'un récipient destiné aux ordures ménagères et son ramassage quotidien. *Ce récipient a pris le nom du préfet.*
SANDWICH : (John Montagu, *comte de -*), son cuisinier imagina cette façon de manger afin que son maître ne soit pas obligé de quitter la table de jeu. *Le sandwich = tranches de pain entre lesquelles on met du fromage ou du jambon.*
SILHOUETTE : (Étienne de), ministre des finances en 1759. Il prit des mesures de restrictions qui le rendirent impopulaire. Son passage au gouvernement fut très bref. *La silhouette = dessin à peine ébauché, contour.*

---

10 **Cherchez l'origine et le sens des mots suivants :** watt, macadam, braille, mécène.

....

1. La valeur stylistique des temps

Présent, futur, imparfait, passé composé, futur antérieur peuvent prendre une valeur purement stylistique.

Il faisait nuit; soudain un cri déchire le silence. (Le présent remplace un passé simple ou un passé composé et donne au lecteur l'impression de participer directement à l'action.)

Quelqu'un frappe à la porte; ce sera encore ma voisine. (Ce futur n'est pas un futur, mais il correspond à un présent de probabilité = c'est sans doute ma voisine…)

Il y a trente ans, l'orme disparaissait du paysage parisien. (L'imparfait correspond à un passé composé; renforcé par l'expression temporelle, il donne l'impression d'un ralentissement de l'action.)

Attendez, attendez, j'ai fini. (Ce passé composé est en réalité un futur antérieur, on veut donner l'impression que l'action sera achevée dans quelques instants.)

Entre 2001 et 2006, les Parisiens auront vu leurs espaces verts augmenter de 32 hectares. (Ce futur antérieur est en réalité un passé composé. Le futur antérieur donne une perspective particulière à l'action.)

■ 11 ■ *À quel temps réel correspondent les formes verbales suivantes?*

a) Patience, encore quelques mètres et nous *avons franchi* le mur.

b) Qui est avec Anne? Oh, ce *sera* cet ami dont elle nous a parlé.

c) À 6 heures précises la navette spatiale *atterrissait* dans le désert du Névada.

d) Le 14 juillet 1789, le peuple de Paris *prend* la Bastille.

e) En quelques années, nous *aurons vu* se produire bien des changements dans nos villes.

2. La proposition incidente

Une proposition incidente est une proposition incluse dans une phrase pour y glisser une notation accessoire.

Elle sert donc à introduire, à insérer un commentaire sur un discours, à l'intérieur de ce discours, pour le préciser ou le nuancer. Elle joue le rôle d'une parenthèse.

Elle se trouve le plus souvent au milieu ou à la fin de la phrase. Parfois au début.

– *Je crois qu'il va pleuvoir.*

*Il va pleuvoir, **je crois.***

– *Je vous le dis entre nous, Marie n'est pas franche.*

*Marie, **je vous le dis entre nous**, n'est pas franche.*

– *À ce qu'il semble, on vit mieux dans une ville où les espaces verts abondent.*

*On vit mieux, **semble-t-il**, dans une ville où les espaces verts abondent.*

*On vit mieux dans une ville où les espaces verts abondent, **semble-t-il**.*

Attention! L'inversion du sujet dans ces propositions est rare, mais possible à l'intérieur et à la fin de la phrase. Il n'y a jamais d'inversion du pronom sujet et du verbe en tête de la phrase.

■ 12 ■ *Transformez la phrase suivante de manière à obtenir une proposition incidente. (Inspirez-vous des phrases données ci-dessus.)*

a) J'espère qu'il a compris. ....

b) Il lui semblait que tout le monde était contre lui. ....

c) Il paraît que votre ami a été licencié. ....

■ Faits de langue (2)

Il faut noter le succès grandissant du suffixe factitif *-iser* qui exprime l'action de: *faire, donner, rendre, mettre dans un état.*

Il sert à former de nombreux verbes: *finaliser, franchiser, labelliser, médiatiser, optimiser, somatiser, sponsoriser.*

■ **13** ■ *Écrivez un rapport sur: les transports en commun dans une ville de votre choix.*

Pour vous aider, voici quelques éléments qui vous donneront une marche à suivre pour le rapport.

Introduction: Comment se déplaçait-on dans cette ville avant les transports en commun?
Situation: Quels sont les transports en commun existants?
Analyse: Y en a-t-il qui fonctionnent mieux que d'autres? Quels sont les inconvénients et les avantages des uns et des autres?
Proposition / Conclusion: Il y a des aménagements, des améliorations, des créations à faire. Comment les faire, avec quels moyens?

Ou bien:
Introduction
État des lieux actuel
Les conséquences de cet état des lieux
Proposition en forme de conclusion

....
....
....
....
....
....
....
....
....
....
....
....
....
....
....
....
....
....
....
....
....
....

■ **14** ■ *Écrivez un rapport sur le sujet de votre choix :*

1) L'enseignement de la musique dans les écoles primaires de votre pays.
2) Le logement social dans votre ville depuis une dizaine d'années.
3) L'utilisation de la bicyclette en ville.

....
....
....
....
....
....
....
....
....
....
....
....
....
....
....
....
....
....
....
....
....

MÉLI-MÉLO

Sur le modèle « macadamiser », jouons un peu !

Les mots suivants n'existent pas. Mais s'ils existaient, qu'est-ce qu'ils signifieraient ?

- *« poubelliser » = ...
- *« sandwichiser » = ...
- *« vuitonniser » = ...
- *« dioriser » = ...

CESSONS DE BRONZER IDIOT !

- ■ **OBJECTIFS FONCTIONNELS :** Élaborer un projet, le discuter.

- ■ **LEXIQUE :** Tourisme, relations interculturelles.

- ■ **GRAMMAIRE :** Expression du conseil, de l'ordre avec la forme impersonnelle – Le subjonctif après les relatives (rappel).

- ■ **FAITS DE LANGUE (1) :** *quand / quant à.*

- ■ **FAITS DE LANGUE (2) :** *un sac à dos / sac au dos.*

Monter un projet de tourisme équitable

Cet été, vous n'avez pas voulu bronzer idiot ni jouer au touriste consommateur d'exotisme : vous êtes parti, sac au dos, à la rencontre des autres, au Burkina-Faso, en Bolivie ou au Laos et vous êtes revenu transformé par cette expérience faite d'échange et de respect.

Vous n'avez plus qu'une idée en tête : convaincre vos amis, vos camarades de travail ou de fac que le tourisme équitable est la manière de voyager la plus intelligente parce qu'elle permet d'aider économiquement les pays pauvres.

D'accord mais comment passer de ce vœu pieux* à un projet concret ?

D'abord, bien préparer le terrain. Et avant tout connaître le contexte

Souvent, vous connaissez peu et mal la réalité quotidienne du village où vous souhaitez implanter votre projet et moins encore les dessous de la politique locale. Attention aux vieilles querelles et aux rivalités entre familles, clans, villages… Il conviendra de bien vous renseigner avant. En tout état de cause*, il vous faudra être très diplomate, prudent, modeste ; surtout, évitez d'apparaître comme celui qui arrive en terrain conquis avec ses dollars (ou ses euros), ou comme le « sauveur » qui vient avec ses idées préconçues sur ce qui est vrai, juste, moral…

S'appuyer sur des partenaires locaux

Sur place, il faut que vous puissiez compter absolument sur quelqu'un qui connaisse parfaitement la situation locale et puisse gérer l'accueil des touristes dans son pays. L'idéal est donc de monter avec ce ou ces partenaires une association qui proposera un hébergement chez l'habitant ou la découverte de la région avec un guide. On peut également penser à une formule plus souple : le partenaire local sera là pour mettre en contact touristes et « familles d'accueil », pour donner des « tuyaux* », proposer des itinéraires de balades à faire en toute liberté… bref, aider les touristes désireux de se débrouiller tout seuls à construire leur séjour en évitant les écueils*.

Choisissez bien vos correspondants sur place : attention à ceux qui n'ont en tête que le profit. Le but du tourisme équitable est certes d'aider au développement des pays pauvres mais pour qu'il y ait échange, le don doit être réciproque ! Le touriste doit également avoir l'impression qu'il a « gagné » quelque chose. Il faudra aussi vérifier que les bénéfices tirés de ces activités touristiques soient bien utilisés pour développer à l'échelle locale des projets concrets, décidés et menés par et pour les communautés elles-mêmes.

•••

•••

Informez les candidats au voyage des conditions matérielles du séjour. Ces informations doivent être très précises. Cela évitera bien des malentendus à l'arrivée. Par exemple, montrez-leur, témoignages et photos à l'appui, l'intérieur typique des maisons où ils seront accueillis; rappelez-leur qu'ils n'y trouveront vraisemblablement pas le niveau de confort d'un pays occidental quant au couchage ou aux toilettes, que l'eau risque d'être rationnée, qu'il est indispensable de la faire bouillir, qu'il vaut mieux éviter les légumes crus, etc.

Favoriser le rapport interculturel

N'oubliez jamais qu'à l'étranger, l'étranger c'est vous! Respectez ceux qui vous accueillent chez eux. Informez également les futurs « voyageurs équitables » de ce qu'il est préférable de faire ou de ce qu'il faut absolument éviter de faire : s'il y a lieu d'apporter un présent de bienvenue et si oui, lequel; quel comportement adopter avec les femmes, avec les enfants; comment se tenir à table; quel vêtement porter pour ne pas choquer... En un mot, savoir ce qui se fait et ce qui ne se fait pas. Il est important de les aider à éviter, le plus possible, les malentendus culturels.
Vous leur donnerez aussi des informations sur l'histoire du pays.

Après le voyage...

Lorsque « vos » voyageurs seront revenus, organisez avec eux une rencontre, en chair et en os si possible, virtuelle sinon, pour qu'ils puissent revenir sur leur expérience et aussi prolonger le contact entre eux. Ce « feed-back » est indispensable et pour eux et pour vous, organisateur, qui pourrez en tirer des idées pour les années à venir. L'idéal est bien sûr de créer un site sur lequel ils pourront partager leur expérience avec les internautes, faire circuler photos et témoignages, raconter des anecdotes et donner des conseils sur ce qu'il faut faire (les « bons plans ») ou ne pas faire (« les erreurs à ne pas commettre »).

* **un vœu pieux** = un souhait plein de bonté mais qu'on sait difficile à réaliser. – * **en tout état de cause** = de toute manière. – * **un tuyau** (fam.) = un bon conseil. – * **un écueil** (ici, au sens figuré) = un danger qu'il faut essayer d'éviter.

■ 1 ■ *« Le touriste doit également avoir l'impression qu'il a « gagné » quelque chose ».* **Comment comprenez-vous cette phrase? Donnez quelques exemples.**

....

....

■ 2 ■ **Dans votre culture, lorsqu'on est invité chez quelqu'un, est-il habituel d'apporter quelque chose? Si oui, quoi, par exemple? Et à qui : au maître de maison? à la maîtresse de maison? aux enfants?**

....

....

■ 3 ■ **Qu'est-ce qu'un** *« malentendu culturel »***? Comment expliqueriez-vous ce terme à quelqu'un qui ne le connaîtrait pas? Donnez quelques exemples.**

....

....

■ 4 ■ **Quelle est la formule de voyage que vous préférez: un vol « sec » et vous vous débrouillez sur place, la formule vol + hébergement, un séjour entièrement organisé...? Expliquez en 3 à 4 lignes les raisons de votre choix.**

....

....

....

Voyages

Des noms

un projet – le développement – l'aide – un pays en voie de développement – le commerce équitable –
une association – un partenaire – un correspondant – un guide
l'échange – le respect – le partage
la politique locale – une communauté (villageoise, par exemple)
l'hébergement – le couchage – le confort
diverses formules de voyage

Des verbes

monter un projet – implanter un projet
gérer la situation – compter sur quelqu'un
établir un contact avec quelqu'un

Des adjectifs

équitable – juste
interculturel – multiculturel

Des expressions

connaître les dessous de quelque chose (= ce qui est caché)
avoir quelque chose en tête (= penser à quelque chose)
à l'échelle locale (= au niveau du village, de la région)

■ **5** ■ *À votre avis, que signifie le terme :* un voyagiste *?*

....

■ **6** ■ *Quelle est la différence entre* planter quelque chose *et* implanter quelque chose *?*

....

....

■ **7** ■ *Un dessous, des dessous…* **Comment comprenez-vous ce mot dans les phrases suivantes ?**

a) Dans toutes leurs discussions, c'est toujours Marc qui a <u>le dessous</u>.
b) Elle porte toujours <u>des dessous</u> en soie ou en dentelles.
c) Pour que l'affaire aboutisse, on a dû verser <u>un dessous de table</u>.
d) Heureusement que tu m'as appelé ! Depuis ce matin, je suis dans <u>le trente-sixième dessous</u> !

■ **Faits de langue (1) Rappel**

Attention à ne pas confondre *quand* et *quant à*.
Ils disent qu'ils ont adoré Marseille plus que toutes les villes de France. Quant à moi (= en ce qui me concerne, pour moi), je préfère Lyon.
Et rappel : la liaison *quand* + voyelle ou nasale se fait en [t].
Quand on a vu ça [kãtõnavysa], *on était tout étonnés.*

■ **Faits de langue (2)**

Ne confondez pas : *un sac à dos* et *partir sac au dos* (= avec un sac sur le dos).

GRAMMAIRE DE LA PHRASE, GRAMMAIRE DU TEXTE

1. Rappel de quelques formes impersonnelles

Il convient de + infinitif / *Il convient que* + subjonctif
Il conviendra de faire *très attention.* (conseil général)
Il conviendra que vous fassiez *très attention.* (conseil adressé à une personne précise)

Il faut + infinitif / *Il* + pronom personnel objet + *faut* + infinitif / *Il faut que* + subjonctif
Il faut être *diplomate.* (conseil général)
Il vous faut être *diplomate.* = **Il faut que vous soyez** *diplomate.* (conseil adressé à une personne précise)

Il vaut mieux + infinitif / *Il vaut mieux que* + subjonctif
Il vaut mieux éviter *les légumes crus.* (conseil général)
Dans ton état, **il vaut mieux que tu évites** *les légumes crus.* (conseil adressé à une personne précise)

Il est utile/nécessaire/important… de + infinitif / *Il est utile/nécessaire/important… que* + subjonctif
Il est important de *bien* **préparer** *le séjour.* (conseil général)
Il est indispensable que vous prépariez *bien le séjour.* (conseil adressé à une personne précise)

■ **8** ■ *Dans les phrases suivantes, le verbe souligné accepte-t-il ou non un autre sujet que le « il » impersonnel ?*

	OUI	NON
a) Lorsqu'il sortit, il constata qu'il <u>avait plu</u> pendant la nuit.	❏	❏
b) Il <u>a été procédé</u>, dix ans plus tard, à une révision du procès.	❏	❏
c) Pour monter un tel projet, il <u>faut</u> de la patience.	❏	❏
d) Dans ce roman, il <u>s'agit</u> de l'aventure qu'a vraiment vécue l'auteur dans les années 80.	❏	❏
e) J'ai entendu dire qu'il <u>s'était produit</u> la même chose à Lyon.	❏	❏

2. Après les pronoms relatifs : indicatif ou subjonctif ?
Comparez ces deux phrases :
Il faut que je trouve quelqu'un qui connaisse parfaitement la situation locale.
Ça y est ! J'ai trouvé quelqu'un qui connaît parfaitement la situation locale.
→ Dans le second cas, on sait que la personne existe. Dans le premier, rien ne permet de l'affirmer.

■ **9** ■ *Justifiez avec vos propres mots l'emploi du subjonctif dans les trois phrases suivantes :*
a) J'aimerais trouver un travail qui me *permette* d'être libre l'après-midi.

....

b) Il n'y a que Jean-Baptiste qui *soit* capable de réussir cet exploit !

....

c) Elle n'a trouvé personne qui *puisse* la renseigner utilement.

....

■ **10** ■ *Quelle différence voyez-vous entre :*
a) L'idéal est bien sûr de créer un site sur lequel *ils pourront* partager leur expérience avec les internautes.
b) L'idéal est bien sûr de créer un site sur lequel *ils puissent* partager leur expérience avec les internautes

....

....

■ **11** ■ *Commentez cette BD de Claire Brétécher.*

■ **12** ■ *Les gestes (ou les mots) à éviter.*

Dans certains pays, il est très mal considéré qu'un homme serre la main d'une femme qui n'est pas de sa famille. Dans d'autres, la main gauche est la main « impure » : il faut éviter de manger avec. Ailleurs encore, il ne faut pas toucher la tête des enfants, cela pourrait attirer sur eux le mauvais sort. Au Japon (mais pas seulement), on doit impérativement se déchausser avant d'entrer dans une maison, etc.

À votre tour, donnez un ou deux exemples de gestes à éviter ou de malentendus interculturels.

....

....

....

....

....

....

....

■ **13** ■ *Vous voulez créer un site pour les Français qui désirent voyager dans votre pays. Réfléchissez aux conseils que vous pourriez leur donner :*

– les « bons plans » (les endroits moins touristiques, plus secrets).
– ce qu'il est bon de savoir avant de partir (conditions climatiques, conditions de vie, horaires…).
– les comportements, les gestes, les mots à éviter.

....

....

....

....

....

....

....

MÉLI-MÉLO

Quand, sans le faire exprès, on dit ce qu'il ne faudrait pas dire ou qu'on fait ce qu'il ne faudrait surtout pas faire…
On fait une gaffe.
On fait une boulette.
On met les pieds dans le plat.

Certains mots ont pour origine des noms propres, des noms de famille. En voici quelques exemples!

AMPÈRE: (André-Marie), mathématicien et physicien lyonnais (1775-1836). *L'ampère* = unité de mesure d'intensité de courant électrique.

BARÈME: (François), mathématicien français (1640-1703). Il publia un des premiers manuels pratiques de comptabilité. *Un barème* = tableau qui donne le résultat de certains calculs.

BÉCHAMEL: (Louis de -), maître d'hôtel de Louis XIV. *La béchamel* = sauce blanche à base de lait.

BOTTIN: (Sébastien), administrateur et statisticien français (1764-1853). Il rédigea les premiers répertoires professionnels. Par la suite le nom *Bottin* fut déposé comme marque commerciale et connut une grande diffusion comme annuaire.

BRAILLE: (Louis), inventeur d'un alphabet (1809-1852). *Le braille* = écriture en relief à l'usage des non-voyants.

BOYCOTT: (Charles), gérant de propriétés en Irlande (1832-1897). Il fut mis en quarantaine par ses ouvriers en 1880. *Le boycott* = blocus.

COLT: (Samuel), ingénieur américain (1814-1862). Il inventa ce revolver au XIXe siècle. *Le colt* = revolver.

DIESEL: (Rudolf), ingénieur allemand (1858-1913). Il mit au point ce moteur. *Le diesel* = moteur à combustion ou véhicule équipé d'un tel moteur.

MACADAM: (John London), ingénieur écossais (1756-1836). Il mit au point le procédé. *Le macadam* = revêtement de chaussée.

MÉCÈNE: *Mæcenas* était ministre d'Auguste, protecteur des arts. *Un mécène* = celui qui par goût des arts facilite leur diffusion grâce à des dons.

MORSE: (Samuel), inventeur du morse (1791-1872). *Le morse* = système de télégraphie basé sur des traits et des points.

OLIBRIUS: empereur romain du Ve siècle connu pour sa vanité. *Un olibrius* = un original qui se fait remarquer par ses propos bizarres et sa conduite.

POUBELLE: (Eugène René), vécut de 1831 à 1907. Préfet de la Seine, il imposa l'utilisation de cette boîte à ordures et son ramassage quotidien par une ordonnance du 15 janvier 1884. *La poubelle* = récipient dans lequel on jette des ordures.

PULLMAN: (Georges Mortimer), concepteur de wagons de luxe (1831-1907). *Le pullman* = autocar très confortable ou voiture de chemin de fer confortable.

SANDWICH: (John Montagu, *comte de* -), dont le cuisinier inventa ce mode de repas pour lui éviter de quitter sa table de jeu. *Un sandwich* = plat composé de deux tranches de pain, entre lesquelles on place des aliments froids.

SILHOUETTE: (Étienne de), ministre des finances en 1759. Il prit des mesures de restrictions qui le rendirent impopulaire. Son passage au gouvernement fut très bref. *La silhouette* = forme ou dessin aux contours schématiques.

WATT: (James), physicien écossais (1736-1819). Il apporta des améliorations notables à la machine à vapeur. *Le watt* = unité de mesure de puissance mécanique ou électrique.

Bilan autocorrectif

Maintenant vous savez...

A – Ce qu'est un essai.

■ 1 ■ **Voici trois affirmations. Répondez par VRAI ou FAUX.** .../3

	Vrai	Faux
a) Dans un essai, employer la première personne est strictement interdit.	☐	☐
b) Dans un essai, il n'est pas interdit de faire des citations.	☐	☐
c) Dans un essai, le nombre de mots est toujours indiqué ; il doit être absolument respecté.	☐	☐

B – Ce qu'est un rapport.

■ 2 ■ **Vous rédigez un rapport. Dans quel ordre allez-vous procéder ?** .../3

a) ce que vous proposez

b) l'analyse de la situation actuelle (ce qui est positif, ce qui ne l'est pas)

c) l'état des lieux

d) les conséquences de ce qui existe actuellement

e) les moyens que vous demandez pour mettre en œuvre votre proposition

....

C – Reconnaître certaines expressions très familières.

■ 3 ■ **Sauriez-vous traduire ces phrases en français standard ?** .../3

a) C'est au resto-U que j'ai rencontré ma meuf = ...

b) Il est complètement ouf, celui-là ! = ...

c) Il y a des ripoux partout, vous savez ! = ...

d) Allez, laisse béton ! = ...

e) Il est un peu zarbi, ton copain ! = ...

f) Attention, voilà les keufs ! = ...

D – Reconnaître l'emploi stylistique des temps. .../4

■ 4 ■ Donnez un équivalent des propositions soulignées.

a) Allez, courage, encore dix minutes et <u>on a fini le cours</u>. = ...

b) Tu es complètement fou ! Une seconde de plus et <u>tu te faisais écraser</u> ! = ...

c) À onze heures juste, les cloches <u>se mettaient à sonner</u> dans tout le pays. La paix était enfin signée. = ...

d) Napoléon <u>naît en 1769</u> en Corse, île devenue française l'année précédente. = ...

E – Utiliser correctement certains adverbes. .../4

■ 5 ■ Cochez le sens correspondant aux quatre phrases suivantes.

a) J'étais à peine arrivé que j'ai dû repartir.
   1) Je suis reparti très vite, juste après mon arrivée. ❑
   2) J'ai eu beaucoup de peine pour arriver et je dois repartir. ❑

b) Sans doute avez-vous raison.
   1) C'est sûr que vous avez raison. ❑
   2) Vous avez peut-être raison. ❑

c) Je suis d'accord pour ce voyage. Encore faut-il que j'obtienne l'autorisation de mes supérieurs.
   1) J'ai demandé l'autorisation à mes supérieurs,
   ils sont d'accord. ❑
   2) Je ne peux pas partir sans l'autorisation de mes supérieurs. ❑

d) Personne n'est arrivé au bureau, d'après lui.
   1) Il dit qu'il n'y a personne au bureau. ❑
   2) Il dit qu'il est arrivé avant les autres au bureau. ❑

F – Repérer et utiliser les formes impersonnelles. .../3

■ 6 ■ Dans deux phrases, le verbe est absolument impersonnel. Desquelles s'agit-il ? Cochez.

a) Il semble que ne soyons pas tout à fait d'accord. ❑
b) Il nous reste 20 euros dans la caisse. ❑
c) Il s'agit pour elle de quelque chose de très important. ❑
d) Il s'est présenté trois candidats pour ce poste. ❑
e) À cette heure-là, il tombait une neige épaisse. ❑
f) Il m'est arrivé une étrange aventure. ❑

● COMPTEZ VOS POINTS

De 15 à 20 : c'est très bien. En route pour la dernière Unité.
De 10 à 15 : courage, vous êtes sur la bonne voie. Repérez ce qui va moins bien. Relisez la page introductive pour bien revoir ce qu'est un essai, ce qu'est un rapport, ce qu'est un projet.
Moins de 10 : refaites les exercices avec les corrigés.

COMMENT ÉCRIRE UNE SYNTHÈSE ?

À faire

1) Il s'agit d'abord de comprendre la nature, la spécificité, les enjeux, l'intention, l'organisation, etc. de chacun des documents proposés.
Puis d'en tirer (pour chacun) l'idée ou les idées essentielles.
Conseil : pour chaque document, procédez paragraphe par paragraphe (résumez chacun en une courte phrase) puis faites un bref résumé de l'argumentation de l'ensemble du texte.

2) Ensuite, vous devez voir ce que ces textes ont de commun, de différent ou de complémentaire.
Conseil : le plus simple est de faire un tableau qui vous permettra de mieux visualiser les rapports qu'entretiennent les textes entre eux.

3) Reprendre ces éléments avec vos propres mots.

4) Élaborer ensuite (et c'est là le plus délicat, bien sûr !) un texte **unique**, **cohérent**, **construit** (avec une introduction, un « corps » et une conclusion), qui intègre les points essentiels de l'ensemble des documents.

Il s'agit d'un exercice difficile car il suppose que vous sachiez :

a) maîtriser les stratégies de lecture globale (repérer rapidement les éléments « paratextuels » du texte : son origine et son « type » ; son organisation ; ses idées essentielles ; ses enjeux).

b) maîtriser les techniques du résumé.

c) établir des comparaisons, mettre des idées en relation (y compris lorsque ces relations sont implicites, sous-entendues, etc.).
Et bien sûr, rédiger !

À ne pas faire

• Juxtaposer une succession d'analyses séparées.
• Donner votre avis personnel (ni dans l'introduction, ni dans le corps du texte ni dans la conclusion). Mais attention : parfois, on vous demandera de faire un commentaire en conclusion. En ce cas, on vous l'indiquera toujours clairement dans la consigne.
• Reprendre des phrases ou des segments de phrases entiers des textes. Si vous citez, faites-le avec modération et toujours en l'indiquant par des guillemets. Cette remarque vaut aussi pour les comptes rendus et les résumés.

LUTTER CONTRE LA DÉPRESSION SAISONNIÈRE

■ **OBJECTIFS FONCTIONNELS :** Rédiger une synthèse (1).

■ **LEXIQUE :** Médecine, diagnostic et remèdes.

■ **GRAMMAIRE :** Le *ne* explétif (rappel).

■ **FAITS DE LANGUE (1) :** *Bien-être, mal-être, malaise…*

■ **FAITS DE LANGUE (2) :** Un faux ami : le verbe *supporter*.

1. Qu'est-ce que la dépression saisonnière ?

Il s'agit, comme son nom l'indique, d'un état de « déprime », de blues, de cafard, qui revient à l'automne et qui touche près d'une personne sur quatre. Cette affection n'est pas très grave mais elle est difficile à supporter pour tous ceux qui souffrent de ce mal-être. Chaque année, à la même période, ils se sentent fatigués, sans énergie, ils ont envie de dormir, de ne rien faire. Pour compenser cet état dépressif, ce malaise, ils mangent davantage, donc grossissent, donc se sentent moins bien dans leur corps et donc dépriment encore plus… Par ailleurs, ils sont anxieux, irritables, ont des difficultés à se concentrer et à s'intéresser à ce qui les entoure.
Les personnes atteintes de cette baisse de régime sont nombreuses : on les estime à près d'un quart de la population. Pour certains (4 à 5 %), il s'agit d'une véritable maladie, qui affecte surtout les femmes et qu'il faut absolument traiter.

2. À quoi est dû le TAS ?

Les causes du TAS (« Trouble Affectif Saisonnier ») sont encore assez mal connues. Il semble cependant à peu près certain, au dire des psychiatres et des biologistes, que le manque de lumière en soit responsable. Comment ?
Le manque de lumière entraînerait, pendant le jour, une hausse de notre production de mélatonine, une hormone « somnifère » qui régule et notre humeur et notre horloge biologique et qui, normalement, n'est produite que pendant la nuit. C'est donc tout notre métabolisme qui serait ainsi perturbé.

■ **1** ■ *Quelle est la fonction du premier texte ?*

....

....

■ **2** ■ *Quels sont, dans les deux textes, les mots qui ont le même sens que* « *dépression saisonnière* » ?

....

....

■ **3** ■ « *Le manque de lumière entraînerait, pendant le jour, une hausse de notre production de mélatonine…* » *Justifiez l'emploi de ce conditionnel.*

....

....

• • •

●●●

3. Comment mieux supporter les assauts de l'hiver avec **LUMINEX 10 000**

Si, comme beaucoup, vous supportez mal les premiers assauts de l'hiver, si vous vous sentez sans énergie, sans goût pour rien, perpétuellement fatigué, exaspéré pour un oui pour un non, ne cherchez pas, les symptômes sont clairs : vous êtes atteint du SAD (*Seasonnal Affective Discorder*), autrement dit d'une bonne petite dépression saisonnière. Votre horloge biologique est détraquée. Que faire pour en sortir ? Marchez régulièrement au moins une demi-heure, de préférence le matin, continuez à faire ce que vous aimez, ce qui vous intéresse, en un mot, restez actifs !

Si cela reste sans effet, il existe trois types de traitements : la psychothérapie, les antidépresseurs et, plus récemment, le plus simple : la luminothérapie. C'est un remède miracle !

Vous manquez de lumière ? Achetez donc une lampe **LUMINEX 10 000** : c'est une vraie lanterne magique qui restituera pour vous tous les bienfaits du grand jour.

---

4. DÉPRIMÉ ? POURQUOI PAS LA PHOTOTHÉRAPIE ?

Cette thérapie a pour but de soigner les personnes souffrant de TAS (Trouble Affectif Saisonnier), ce sentiment de fatigue qui frappe de nombreuses personnes dès que les jours raccourcissent et demande, dans certains cas, d'être traité.

Les patients s'exposent chaque jour à une lumière artificielle blanche, entre 30 et 90 minutes et de préférence le matin car c'est à ce moment-là que l'exposition est la plus bénéfique.

Il s'agit de reproduire, grâce à une lampe équipée d'ampoules très puissantes (généralement de 10 000 lux), la lumière du jour, ou plus précisément, la lumière d'un beau lever de soleil. C'est pour cette raison que la photothérapie est également nommée « luminothérapie ». Pendant l'exposition, il est tout à fait possible de continuer ses activités habituelles : manger, lire ou travailler, y compris à l'ordinateur.

---

5. RATTENBERG : LA LUMIÈRE REVIENT !

Jusqu'à présent, l'hiver était bien difficile à supporter pour les 467 habitants de Rattenberg, charmante localité du Tyrol autrichien.

En effet, ce très ancien village est dominé, au sud, par une montagne de plus de 900 mètres, le Stadtberg, qui, quatre mois par an, empêche les rayons du soleil d'y pénétrer.

Pour éviter que la population ne sombre dans la dépression ou n'émigre ailleurs, la municipalité a pris le taureau par les cornes, sans regarder à la dépense : trente réflecteurs installés dans une commune voisine très bien ensoleillée vont désormais renvoyer les rayons du soleil vers d'autres réflecteurs situés en haut du Stadtberg. Les habitants de Rattenberg auront l'impression de vivre, eux aussi, dans un village lumineux. Enfin !

■ **4** ■ *Dans les textes 2 et 3 se trouve le terme* « *horloge biologique* ». *Comment le comprenez- vous ?*

....

■ **5** ■ *Quel est le but du texte 3 ?*

....

La dépression

Des noms

une maladie (ou : une affection) – un malade (ou : un patient) – un traitement (médical)
une dépression – un état dépressif – le mal-être (≠ le bien-être) – le malaise – un symptôme
l'humeur (la bonne humeur / la mauvaise humeur)

Des verbes

déprimer – sombrer (dans la dépression) – traiter (une maladie,
un malade) – souffrir d'une maladie
être détraqué (≠ bien fonctionner) – perturber
la population est touchée (= atteinte) – réguler – supporter

Des adjectifs

anxieux – irritable – nerveux –
exaspéré – dépressif, déprimé
bénéfique (≠ maléfique)

Des expressions

Avoir le blues, le cafard, un coup de déprime (= avoir des idées noires, tristes)
prendre le taureau par les cornes (= affronter une difficulté, un problème)
regarder à la dépense (= faire attention aux dépenses)
une baisse de régime (= dans ce contexte, un état de fatigue passager)

■ **6** ■ *Ici, le verbe* sombrer *a un sens figuré. Cherchez, dans votre dictionnaire, son sens premier.*

....

....

■ **7** ■ *Le mot* régime *a plusieurs sens. Dans les phrases suivantes, quel sens a-t-il ?*

a) Dès le milieu du XVIIIe siècle, certains philosophes avaient prédit la chute de l'ancien <u>régime</u>.

b) Sur le marché, il y avait des <u>régimes</u> de dattes et de bananes, des ananas, des figues…

c) Sous quel <u>régime</u> êtes-vous mariés ? La séparation des biens ou la communauté ?

d) Pendant les mois d'été, l'entreprise ne fonctionne pas à plein <u>régime</u>.

e) Depuis sa maladie des reins, il est au <u>régime</u> sans sel.

■ **8** ■ *Attention à ne pas confondre* humeur *et* humour. *Complétez les phrases suivantes.*

a) Il était furieux d'avoir attendu une heure à la poste. Quand son tour arriva enfin, il tendit ses papiers avec .... à l'employé.

b) Il arrive que, parfois, on se réveille d'un(e) .... de chien sans aucune raison.

c) Les Britanniques disent quelquefois que les Français manquent un peu d' ...., qu'ils prennent les choses trop au sérieux.

■ **9** ■ *Luminothérapie, psychothérapie, photothérapie… Quels autres mots terminés par -thérapie connaissez-vous ?*

....

....

■ **Faits de langue (1)**
Attention *le bien-être / le mal-être* MAIS *le malaise* et PAS le *« bienaise »* (ce mot n'existe pas).

Faisons le point sur le « ne » explétif

*Pour éviter que la population **ne** sombre dans la dépression ou **n'**émigre ailleurs…*

On rencontre parfois la particule « ne » toute seule. **Attention !**

• Il peut s'agir d'une vraie négation, avec les verbes *savoir, pouvoir, oser* et *cesser*, par exemple :
Je n'ose lui dire la vérité. – Il n'a cessé de se plaindre à propos de tout.
En ce cas, on peut ajouter « pas » sans que le sens de la phrase change.
Je n'ose pas lui dire la vérité. – Il n'a pas cessé de se plaindre à propos de tout.

• Il peut s'agir du « ne » dit « explétif ». En ce cas, on peut supprimer le « ne » sans que le sens de la phrase change. On remarquera cependant que dans les phrases où l'on utilise ce « ne » explétif, il existe toujours une idée de négation.
Dans quels cas employer ce « ne » explétif ?
a) Après certains verbes comme, par exemple : *éviter que, empêcher que, avoir peur que, craindre que, redouter que…*
Il faut absolument éviter qu'il ne fasse cette folie !
b) Après *avant que, à moins que, de peur que, de crainte que…*
Si tu veux le voir, arrive assez tôt, avant qu'il ne parte.
c) Avec un comparatif.
Dépêchons-nous ! Il est beaucoup plus tard que je ne le pensais !

Dans les deux cas (*ne* vraie négation ou *ne* explétif), le niveau de langue est soutenu. On rencontre cette forme surtout à l'écrit.

■ 10 ■ *Dans les phrases suivantes, le* ne *est-il négatif ou explétif ?*

a) Il avait peur qu'elle <u>ne</u> découvre l'horrible vérité !

b) J'ai tout fait pour empêcher qu'elle <u>ne</u> vienne mais je n'y suis pas parvenu.

c) Nous vous remercions de votre candidature, fort intéressante au demeurant, mais actuellement, nous <u>ne</u> saurions donner suite à votre proposition.

d) Je <u>n'</u>ose imaginer ce qui aurait pu arriver !

■ 11 ■ *Expliquez la différence entre ces trois phrases.*

a) Je ne peux vous donner raison.

b) Je ne peux guère vous donner raison.

c) Je ne peux que vous donner raison.

Rappel : ne confondez pas
• *tout ce qui, tout ce que…*
• *tous ceux qui, tous ceux que* (= tous les gens qui…, que…)

■ 12 ■ *Complétez avec* TOUT CE… *ou* TOUS CEUX… *Justifiez votre choix à l'aide d'une phrase.*

a) Tu as pu rencontrer .... que tu voulais voir ?

b) Il a toujours fait .... qu'il a voulu dans la vie.

c) Montre-moi .... que tu as acheté.

d) Nous invitons .... dont les places vont de 40 à 75 à se présenter porte numéro 13.

■ Faits de langue (2)

Attention au verbe *supporter*. **En français, il n'a pas le sens de** *soutenir* **mais celui de** *tolérer*, d'accepter avec courage, avec quelque difficulté.
– Tu réussis à supporter ce bruit ? Moi, je ne pourrais jamais supporter ça !
– Oui, j'y arrive mais difficilement !

Cependant, dans le langage sportif (ou, plus récemment, dans le domaine politique), on rencontre de plus en plus souvent le mot *un supporter* ou *un supporteur* dans le sens de *un partisan*.

■ **13** ■ *Relisez les deux textes de la page 96. Résumez chacun d'eux en deux phrases maximum.*

a) ....
....
....

b) ....
....
....

■ **14** ■ *Le premier texte <u>définit</u> une pathologie, le TAS ; le second en présente <u>les causes</u>. Comment pourrait-on intégrer, dans le premier texte, les informations apportées par le second ?*

Proposez un seul texte.

....
....
....
....
....
....
....
....
....
....
....

■ **15** ■ *Les textes 3 et 4 ont à peu près le même objectif. Lequel ?*

....
....
....

■ **16** ■ *Quels éléments déjà vus dans les quatre premiers textes retrouve-t-on dans le texte 5 ?*

....
....
....

■ **17** ■ *Quelle est la particularité de ce dernier texte ?*

....
....
....

■ **18** ■ *Relisez d'abord attentivement les conseils qui vous ont été donnés page 95, à propos de la réalisation d'une synthèse. Ensuite, en vous aidant du travail que vous avez réalisé à la page précédente, rédigez votre synthèse.*

Attention, une synthèse doit être concise : ne dépassez pas 250 mots.

Il existe, bien sûr, plusieurs plans possibles. Par exemple :

A. Introduction : l'automne arrive…
   1) le TAS, définition, les symptômes
   2) Ses causes
   3) Les traitements possibles
   4) Quand tout un village a le blues : Rattenberg
   Conclusion : ne prenez pas les choses à la légère

B. Introduction : Rattenberg : le maire prend le taureau par les cornes !
   1) La lumière, l'un des meilleurs remèdes contre le TAS
   2) Qu'est-ce que cette affection ?
   3) Comment se manifeste-t-elle ?
   Conclusion : surveillez-vous, l'automne approche !

À vous !

....
....
....
....
....
....
....
....
....
....
....
....
....
....

MÉLI-MÉLO

Dans la vie, d'abord on chante, puis on déchante…

Les faux contraires

Pour combattre leur déprime, faut-il leur accorder une prime ?
Le contraire de la cadence, est-ce la décadence ?
Arrêter de lire, est-ce du délire ?
Décamper, est-ce cesser de faire du camping ?
Plus tu dépenses et plus j'y pense !

LEÇON 14 ALSACIEN, BASQUE, BRETON, CORSE, FRANÇAIS, OCCITAN...?

- ■ **OBJECTIFS FONCTIONNELS :** Rédiger une synthèse (2).
- ■ **LEXIQUE :** Le bilinguisme, les langues régionales.
- ■ **GRAMMAIRE :** Expression de la condition, de la restriction.
- ■ **FAITS DE LANGUE (1) :** *Carte* et *charte*.
- ■ **FAITS DE LANGUE (2) :** Les suffixes *-al(e)* / *-el(le)*.

L'ordonnance de Villers-Cotterêts

I – L'**ordonnance de Villers-Cotterêts** est un document signé dans cette ville en août 1539 par le roi de France François Ier. C'est l'acte qui a institué le français comme langue exclusive des documents relatifs à la vie publique. Le français devient ainsi la langue officielle du droit et de l'administration.

Son article 111 énonce ceci : « *...nous voulons dorénavant que tous arrêts... toutes autres procédures, soit de nos cours souveraines et autres subalternes et inférieures, soit de registres, enquêtes, contrats, commissions, sentences, testaments, et autres quelconques actes et exploits de justice, ou qui en dépendent, soient prononcés, enregistrés et délivrés aux parties, en langage maternel et non autrement* » De cet article, il découle que tous les sujets du roi pourront comprendre les documents administratifs et judiciaires... sous réserve néanmoins qu'ils lisent et écrivent « le langage maternel », c'est-à-dire la « langue d'oïl » pratiquée dans le bassin parisien et sur les bords de la Loire.

La charte européenne des langues régionales

II – La Charte européenne des langues régionales ou minoritaires a été adoptée en 1992 par le Conseil de l'Europe pour protéger et favoriser les langues historiques régionales et les langues des minorités en Europe. Elle s'applique à des langues traditionnellement employées par les ressortissants d'une partie d'un État européen (à l'exclusion de celles des immigrants non européens) lorsque ces langues diffèrent de la langue majoritaire ou de la langue officielle et lorsqu'elles possèdent une base territoriale.

■ **1** ■ *L'ordonnance parle d'un* « *langage maternel* »*. De quelle langue s'agit-il ?*

....

■ **2** ■ *Cette langue est-elle pratiquée dans toute la France ?*

....

■ **3** ■ *De quelle année date la charte européenne des langues régionales ?*

....

■ **4** ■ *Quelles sont les recommandations de la Charte européenne des langues régionales ?*

....

●●●

•••

Les langues régionales et le Conseil constitutionnel

III – Le Conseil constitutionnel français a refusé de ratifier la Charte européenne des langues régionales au motif qu'elle comporte des clauses contraires à la Constitution ; elle obligerait, en effet, à reconnaître des groupes linguistiques auxquels il faudrait accorder des droits particuliers.

Malgré cette opposition, l'enseignement de ces langues s'est poursuivi. Ainsi, en 2000-2001, environ 150 000 élèves des écoles, collèges et lycées publics et privés sous contrat ont reçu un enseignement de langues et cultures régionales en France.

Carte des langues régionales en France

ÉTAT DES LIEUX

IV – Depuis 2004, le tableau est moins réjouissant. Et il n'est pas exactement le même dans toutes les régions.

• En Bretagne, on a reconnu le breton et le gallo comme langues de Bretagne avec un objectif : atteindre les 20 000 élèves scolarisés dans les écoles bilingues en 2010. Pourtant le nombre des inscrits dans l'enseignement bilingue français-breton est faible.

• Au Pays basque, en 2005-2006, environ 20 % des élèves étudient le basque. Mais, force est de constater que le nombre d'enfants scolarisés dans les deux langues baisse à mesure que les enfants grandissent (35 % en maternelle, 18 % au collège), ce qui laisse supposer que les familles voient dans l'acquisition de la langue basque dans les petites classes un facteur favorable pour le développement intellectuel de l'enfant.

• En Corse, depuis 2002, la langue corse doit être une matière « enseignée » dans le cadre de l'horaire normal des écoles maternelles, élémentaires, collèges et lycées à raison de 3 heures par semaine.

• Environ 80 000 élèves dans 8 académies étudient l'occitan, surtout dans l'académie de Toulouse, avec près de 10 % de la population scolaire dans le primaire et le secondaire.

Il faut noter qu'il y a un décalage entre le désir de certains groupes de populations de s'enraciner dans une langue régionale et la volonté d'un pouvoir politique de bien marquer la primauté d'une langue nationale, le français.

▨ **5** ▨ *La France a-t-elle ratifié la charte européenne des langues régionales ? Précisez la position de la France et la raison de son attitude.*

....

▨ **6** ▨ *L'évolution de l'enseignement des langues régionales est-elle positive ou non ? Précisez.*

....

▨ **7** ▨ *À votre avis, pourquoi les élèves, à mesure qu'ils grandissent, abandonnent-ils l'étude de la langue régionale ?*

....

Langue nationale, langues régionales

> **Des noms**
> le monolinguisme – le bilinguisme – le multilinguisme – le plurilinguisme
> le pays – la région – la nation – la province – le territoire – le régionalisme
> une charte – une convention – un traité – un article (de loi) – une clause

> **Des verbes**
> évoluer – instituer – ratifier

> **Des adjectifs**
> monolingue – bilingue – plurilingue – multilingue

■ **8** ■ *En vous aidant de votre dictionnaire, précisez la différence que vous faites entre:*

a) le monolinguisme

b) le bilinguisme

c) le multilinguisme ou le plurilinguisme

■ **9** ■ *Dans le texte à la page 102, le mot* ordonnance **signifie:** *loi, constitution, décret.*

Quel autre sens pourriez-vous donner à ce mot? Utilisez-le dans une courte phrase.

....

■ **10** ■ *Jouons avec les régions françaises! Retrouvez la langue parlée dans la région.*

Exemple: *Le breton se parle en Bretagne, le corse en Corse, le catalan en Catalogne.*

Que parle-t-on dans la région de...

a) Picardie? ....

b) Auvergne? ....

c) Normandie? ....

d) Provence? ....

e) Bourgogne? ....

f) Alsace? ....

■ **11** ■ *Reliez les termes aux définitions.*

a) La province

b) La région

c) Le département

1. En France, collectivité territoriale groupant plusieurs départements.

2. Division administrative du territoire français placée sous l'autorité d'un commissaire de la République assisté d'un Conseil général.

3. En France, l'ensemble du pays (notamment les villes, les bourgs) à l'exclusion de la capitale.

■ **12** ■ *Le mot « occitan » qui caractérise la langue régionale parlée dans le sud de la France vient du mot: « oc » Que signifie ce mot et à quoi s'oppose-t-il? (Aidez-vous d'un dictionnaire.)*

....

> ■ **Faits de langue (1)**
> **Carte** et **charte** viennent du même mot latin « carta » et chacun s'est spécialisé (sens concret, sens abstrait):
> *Carte à jouer, carte géographique, carte de visite,* les sens sont nombreux.
> *Charte:* règles fondamentales d'une organisation officielle.
> Il existe ainsi de nombreux doublets qui, dérivant d'un même mot latin, ont pris un sens particulier.

■ **13** ■ *Voici quelques exemples de doublets. Précisez le sens:* frêle / fragile; captif / chétif; livrer / libérer; entier / intègre; hôtel / hôpital; écouter / ausculter.

1. Quelques conjonctions de la condition... :
sous réserve que...
à condition que...
pourvu que...

... et de la restriction :
à moins que (ne) : avec cette conjonction, on trouve le « ne » explétif », facultatif, qui n'est pas une négation, mais qui renvoie malgré tout à la valeur négative de la conjonction et qui correspond à : ***à condi-
tion que ne ... pas***
Toutes ces conjonctions sont suivies du subjonctif.
*Le peuple français pourra comprendre les documents administratifs et judiciaires... **sous réserve** néanmoins
qu'il lise et **écrive** « le langage maternel », c'est-à-dire la « langue d'oïl ».*
*Nous prendrons l'avion demain soir **à condition que** le personnel navigant **ait cessé** la grève.*
*Elle comprenait tout **pourvu qu'**on **prenne** la peine de tout lui expliquer.*
*Les députés veulent bien augmenter le salaire du président **à condition qu'**il **paie** lui-même ses frais.*
*La réunion aura lieu dans le jardin **à condition qu'**il **ne pleuve pas** OU **à moins qu'**il (ne) **pleuve**.*

■ **14** ■ *Choisissez la conjonction qui vous semble convenir le mieux* : *à condition que, pourvu que,
sous réserve que, à moins que (ne).*

a) Les syndicats cesseront la grève .... la direction leur accorde une hausse de salaire.

b) Le départ pour le Tibet aura lieu le 30 juin .... toutefois .... on réunisse un
nombre suffisant de voyageurs.

c) Le pays aura une nouvelle constitution .... le parlement ne la rejette.

d) Nous ferons la promenade en mer .... le mistral ne se lève pas.

2. Quelques locutions prépositives (rappel)
À la suite de
En raison de (cette locution appartient plutôt à la langue administrative)
À l'exclusion de
Dans le cadre de

■ **15** ■ *Remplacez l'expression soulignée par une locution prépositive.*

a) Plusieurs écoles bilingues risquent de fermer parce que leurs effectifs ont baissé.

b) Les résidents de l'immeuble recevront la visite d'enquêteurs à l'occasion d'un recensement de la population.

c) Tout le monde pourra bénéficier de ces avantages sauf les personnes qui payent l'impôt sur la fortune.

d) Il y a eu un éboulement et ensuite la route a été coupée.

■ **Faits de langue (2)**
Point d'orthographe grammaticale
Ne confondez pas le suffixe *-al(e)* et le suffixe *-el(le)*.
La langue d'une région est une langue régionale.
Une loi de la nation est une loi nationale.

Mais :
Le lait de la mère est le lait maternel.
Une loi qui vient de la nature est une loi naturelle.

■ **16** ■ *Reprenez les deux textes de la page 102. Résumez chacun d'eux en deux phrases :*
Texte I

....

....

....

....

Texte II

....

....

....

....

■ **17** ■ *Y a-t-il contradiction, opposition entre ces deux textes ou voyez-vous un rapport de cause à effet ?*

....

....

....

....

....

....

■ **18** ■ *Le texte III vous semble-t-il apporter un élément nouveau dans la problématique ? Précisez.*

....

....

....

....

....

■ **19** ■ *Quelles sont les précisions données par le texte IV.*

....

....

....

....

....

....

20 **Rédigez une synthèse à partir des trois opinions données ci-dessous.**

Plan possible :

Une introduction pour présenter la problématique

Deux parties pour opposer ou établir une relation entre les idées proposées

Une conclusion ouverte

a) Enseigner la langue nationale et une langue régionale est facteur d'enrichissement. Le cerveau se développe principalement dans les premières années de l'existence. Plus il est sollicité et plus il se développe. Le bilinguisme est un moyen, parmi d'autres, de développer les capacités intellectuelles de l'enfant. Un psycholinguiste affirme : « *Le cerveau de l'enfant est prédisposé à acquérir, par imitation et par reproduction active, toute langue parlée dans son entourage. Il apprend aussi aisément qu'il a appris sa langue maternelle, inconsciemment et quel que soit son quotient intellectuel. En un mot, tout enfant capable d'apprendre sa langue maternelle est capable d'en apprendre d'autres* ».

Dans le bilinguisme chacune des deux langues enrichit l'autre. Selon un linguiste, « *les langues ne sont jamais en concurrence. Plus on en apprend et plus cela facilite l'apprentissage de nouvelles langues [...] L'apprentissage d'une langue ne nuit pas à l'apprentissage d'une autre langue. C'est tout le contraire* ».

b) Des parents s'inquiètent. Le bilinguisme ne risque-t-il pas de provoquer chez l'enfant des troubles du langage qui entraîneraient peut-être des troubles du comportement ? Il est déjà bien difficile de faire acquérir à l'enfant les notions élémentaires d'une langue maternelle. Pourquoi s'embarrasser d'une langue régionale ? Il ne maîtrisera parfaitement ni l'une ni l'autre. De plus certains parents trouvent les langues régionales peu harmonieuses. Ils ne leur reconnaissent pas la valeur esthétique et culturelle qu'ils accordent à la langue nationale.

c) Enfin, ne vaudrait-il pas mieux, plutôt que d'enseigner une langue régionale qui n'est parlée que par un petit nombre d'individus, enseigner deux ou trois langues européennes qui seraient beaucoup plus utiles dans un monde où les échanges internationaux se multiplient et où la concurrence commerciale, scientifique... pousse les uns et les autres à aller vers d'autres pays ?

MÉLI-MÉLO

Bonjour, au revoir et merci...
en France mais pas en français !

a) *guàtertag / merssi*

b) *egunon* (matin) / *arratsaldeon* (après-midi) / *gauon* (soir) / *Ikus arte* (au revoir) / *Eskerrik* (merci)

c) *demat* (bonjour) / *kenavo* (au revoir) / *trugarez* (merci)

d) *bonghjornu / salutu* (pour des personnes plus familières) / *a vedèci, avvedeci* (au revoir) / *grazie* (merci)

e) *bon jorn / adieu / merce* ou *merces*

a) Alsacien - b) basque - c) breton - d) corse - e) occitan

LA FRANCE ET LE NUCLÉAIRE

■ **OBJECTIFS FONCTIONNELS :** Rédiger une synthèse (3).

■ **LEXIQUE :** Le domaine de l'énergie.

■ **GRAMMAIRE :** Participe présent, proposition participe, gérondif, adjectif verbal.

■ **FAITS DE LANGUE (1) :** La prononciation des mots terminés en -*um*.

■ **FAITS DE LANGUE (2) :** Les verbes terminés en -*éer*.

Prenez connaissance de ces deux textes puis répondez aux questions qui suivent.

A. Le traité EURATOM

Après la guerre, les six États signataires du Traité CECA (Allemagne, Benelux, France et Italie) avaient comme préoccupation dominante l'approvisionnement en matières premières pour le développement industriel et la fourniture en énergie. La voie du nucléaire civil semblait alors être l'unique solution pour répondre aux besoins énergétiques croissants et pour garantir l'indépendance des États membres en ce domaine.

L'objectif du Traité Euratom, signé à Rome le 25 mars 1957, fut de mettre en commun les industries nucléaires, les connaissances et les compétences de ces États. Le traité prévoyait aussi une coopération dans l'approvisionnement en combustibles nucléaires et en uranium, par le biais d'une Agence créée à cet effet.

Les fondateurs d'Euratom avaient une autre préoccupation qui portait sur la sécurité nucléaire. Pour eux, il existait deux dangers principaux, le risque du détournement de l'énergie nucléaire civile à des fins militaires et l'accident nucléaire civil.

• Des normes de sécurité uniformes furent donc établies entre les États membres pour protéger les populations et les travailleurs du secteur du nucléaire civil contre les risques d'irradiation.

• D'autre part, pour prévenir tout détournement de matières nucléaires à des fins militaires, des inspecteurs furent chargés d'en contrôler l'usage et d'appliquer la réglementation en matière de sécurité.

B. EURATOM aujourd'hui

Le traité Euratom est devenu inadapté à la situation actuelle d'une Europe nucléarisée.

Le rêve d'un développement commun de l'énergie nucléaire en Europe ne s'est jamais réalisé, les intérêts nationaux l'emportant sur une éventuelle politique commune. Le cadre juridique d'Euratom ne parvient pas à harmoniser les diverses politiques nucléaires des États membres qui ont préféré faire cavalier seul. Par exemple, l'approvisionnement en combustibles devait à l'origine être assuré par la seule agence d'approvisionnement. La France n'a pas respecté cette décision, en créant Eurodiff qui assure à elle seule un tiers de la production mondiale de combustibles nucléaires.

Ceci étant, le Traité Euratom reste efficace dans certains domaines, par exemple pour le contrôle de la non prolifération nucléaire en Europe ou pour les accords internationaux conclus par l'Union avec des États tiers (recherche, échange de matières, connaissances, etc.).

Le Traité Euratom prévoit aussi un cadre de mesures sanitaires vis-à-vis des risques liés, par exemple, à la radioactivité, notamment au travers d'une harmonisation des normes. •••

■ **1** ■ *À l'origine, quel était l'objectif d'EURATOM ?*

....

■ **2** ■ *En une phrase, donnez l'idée principale de chacun de ces deux textes.*

a) ....

b) ....

•••

Prenez maintenant connaissance des deux textes qui suivent et répondez aux questions.

C. Une France « nucléarisée »

Avec ses 58 réacteurs et 1 100 sites renfermant des déchets nucléaires, la France est le pays le plus nucléarisé au monde par rapport au nombre d'habitants.

Un peu d'histoire. La Deuxième Guerre mondiale a révélé au monde entier la puissance de l'énergie nucléaire. Désormais, il était clair que la bombe atomique serait l'arme absolue des superpuissances. Le général de Gaulle comprend très vite que la France doit à tout prix l'acquérir. Il lance, dès 1945, la politique nucléaire française : le Commissariat à l'Énergie Atomique (CEA) est chargé de doter la France de l'arme atomique et de développer le nucléaire civil en tant que source d'énergie.

Mais c'est après le choc pétrolier de 1973 que le programme nucléaire français prend vraiment son essor. Le gouvernement réagit très vite à la menace de l'inflation du prix du pétrole, en investissant massivement dans le nucléaire civil, afin d'assurer l'indépendance énergétique française.

Aujourd'hui, en France, le nucléaire assure près de 80 % de la production nationale d'électricité. Ce secteur d'activité est florissant et plus de 100 000 emplois en dépendent directement.

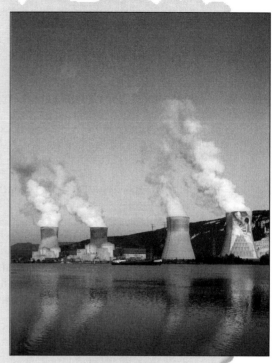

D. LE NUCLÉAIRE ET L'EUROPE

L'Union européenne est la première puissance mondiale dans le domaine du nucléaire civil et la seconde dans le domaine du nucléaire militaire, ce qui pose bien des problèmes, tant nationaux que communautaires.

Au sein de l'Europe, en effet, la politique nucléaire civile varie selon les États membres. Pour une majorité d'entre eux, il faut sortir du nucléaire ou du moins stopper son utilisation en tant que ressource énergétique. Mais cette volonté politique, qui reflète une opinion publique sensibilisée aux thèses écologistes, se heurte aux réalités économiques.

Plusieurs États européens ont déjà tenté la sortie du nucléaire. Dès 1980, les Suédois l'ont décidée par référendum, cette sortie devant se faire de manière progressive pour parvenir en 2010 à un arrêt total de la production d'énergie nucléaire.

Plus tard, en Allemagne, les socialistes, alliés aux Verts, avaient fait des promesses en ce sens. La coalition arrivée au pouvoir par la suite s'est alignée sur ces positions.

D'autre part, deux pays européens n'ont pas de programme nucléaire civil. L'Italie, qui a renoncé par référendum en 1987 à utiliser le nucléaire civil comme source d'énergie et le Portugal, où la question suscite encore des débats.

■ **3** ■ *Quelle est l'information commune entre les textes A et C ?*

■ **4** ■ *En quoi ces textes (A et C) se différencient-ils ?*

■ **5** ■ *Répondez par VRAI, FAUX, ON NE SAIT PAS.*

	VRAI	FAUX	ON NE SAIT PAS
a) Le Traité Euratom cherchait à empêcher tout glissement du nucléaire civil vers le nucléaire militaire.	❑	❑	❑
b) L'opinion publique française est massivement favorable au tout nucléaire.	❑	❑	❑
c) L'Europe est la première superpuissance dans le domaine du nucléaire.	❑	❑	❑
d) Le CEA est un organisme européen.	❑	❑	❑

DES MOTS POUR LE DIRE

La politique nucléaire

Des noms
l'énergie – les ressources énergétiques – les matières premières – l'uranium – le nucléaire – le combustible (charbon, pétrole, énergie nucléaire…)
la (non) prolifération nucléaire – un réacteur nucléaire – un site nucléaire – les déchets nucléaires – la radioactivité
les énergies renouvelables – le développement durable

Des verbes
s'approvisionner – détourner qqch – harmoniser – enfouir
prendre son essor

Des adjectifs
civil ≠ militaire – toxique – nucléaire – nucléarisé – florissant

Des expressions
faire cavalier seul (= agir tout seul, de manière individualiste)
par le biais de… (= par l'intermédiaire de…)
à des fins… (= dans un but…) – en matière de… (= en ce qui concerne…)

■ 6 ■ *Dans la liste de vocabulaire ci-dessus, cherchez les mots de la même famille que* agir?

....

....

■ 7 ■ *D'où vient l'adjectif « florissant »? Dans les phrases suivantes, quel synonyme proposeriez-vous?*
a) L'école structuraliste, florissante dans les années 50 et 60, a beaucoup perdu de son influence.
b) Il a toujours eu une santé florissante : jamais malade, jamais fatigué, toujours en pleine forme.
c) Il dirige une entreprise florissante.

■ 8 ■ *Quelle différence faites-vous entre* nucléaire *et* nucléarisé?

....

....

■ 9 ■ *Quelle est l'étymologie du mot* nucléaire? *Cherchez dans votre dictionnaire puis expliquez-la en quelques mots.*

....

....

■ 10 ■ *Vous avez rencontré dans le texte B l'expression* faire cavalier seul. *Mais que signifie :* agir de manière cavalière? *Cherchez dans votre dictionnaire.*

....

....

■ Faits de langue (1)
Remarquez la prononciation de la finale *-um* comme par exemple dans les mots *un référendum, l'uranium, le radium, le plutonium, l'aluminium…* → [om]

1. Rappel : l'opposition passé simple / imparfait

Dans le premier texte, nous trouvons plusieurs passés simples :

L'objectif du Traité Euratom fut de mettre en commun… ; des normes de sécurité uniformes furent établies entre les États membres ; le Traité Euratom voulut prévenir… ; des inspecteurs furent chargés d'en contrôler l'usage…

Il s'agit d'un récit : on énumère les différentes mesures prises à cette époque. Les imparfaits sont utilisés pour expliquer, commenter, justifier, décrire… bref, exposer les circonstances, l'arrière-plan.

2. La proposition participe

*Le rêve d'un développement commun de l'énergie nucléaire en Europe ne s'est jamais réalisé, les intérêts nationaux l'**emportant** sur une éventuelle politique commune.*

*Dès 1980, les Suédois l'ont décidée par référendum, cette sortie **devant** se faire de manière progressive.*

Cette structure suppose qu'il y ait deux sujets différents : celui de la proposition principale (ici *le rêve* et *les Suédois*) et celui de la proposition participe (ici, *les intérêts* et *la sortie*).

Rappel : ne confondez pas le participe présent, forme verbale invariable, avec l'adjectif verbal qui, lui, se comporte comme un adjectif.

Une préoccupation dominante – un secteur d'activité florissant – des centrales nucléaires vieillissantes…

Rappel : attention à la différence entre participe présent et gérondif.

Le gérondif doit TOUJOURS avoir le même sujet que le verbe principal :

***En créant** Eurodiff, la France n'a pas respecté ses engagements.* (un même sujet)

Ce n'est pas toujours le cas pour le participe présent :

***Traversant** sans regarder, il faillit avoir un accident.* (un même sujet)

*Sans être vu, il observa son amie **flânant** parmi les promeneurs du dimanche.* (C'est lui qui observe et elle qui flâne.)

■ **11** ■ *Complétez avec le verbe qui convient, en le conjuguant soit au passé simple, soit à l'imparfait selon le sens : avoir lieu, être, devoir, décider, s'agir, se tenir, aboutir, organiser.*

À la suite du Sommet de la terre qui .... à Rio en 1992, on ...., en 1997, une seconde rencontre, à Kyoto cette fois, qui .... à la signature d'un Protocole.

Il .... de réduire de manière significative les émissions de gaz à effet de serre et de les ramener à ce qu'elles .... en 1990.

Ce Protocole, pour être validé, ... être ratifié par au moins 55 pays. Ce n'est donc que le 16 février 2005 que cette mise en œuvre ....

Il faut noter que les États-Unis, pourtant responsables de près du tiers des émissions de gaz à effet de serre, ... en 2001 de ne pas ratifier le Protocole.

■ **12** ■ *Distinguez participes présents et adjectifs verbaux. Accordez si nécessaire les adjectifs verbaux.*

a) Les travaux de cet anthropologue (concernant) .... les rites de passage sont extrêmement (intéressant) ....

b) Les anecdotes du professeur, (amusant) .... les élèves, rendaient son cours moins difficile.

c) Elle restait là, (regardant) .... le paysage, sans se soucier du froid.

d) Attention au verglas, la route est (glissant) .... ce soir.

e) (Méprisant) .... tous les usages, elle avait une réputation d'originale.

■ **Faits de langue (2)**

Attention à l'orthographe des verbes terminés en *-éer* (par exemple : *créer, agréer*…)

→ *Je crée, ils créent / Avant, je créais, nous créions…*

→ et au passif : *il a été créé, elle a été créée.*

▧ 13 ▧ *Faites une synthèse des quatre premiers textes. Voici une proposition de plan (vous pouvez en imaginer un autre). Pour l'instant, ne rédigez ni l'introduction ni la conclusion.*

1) La situation de l'Europe en 1945
   a) Nécessité de se doter du nucléaire civil et militaire
   b) Le Traité EURATOM

2) Réussites et échecs de la politique nucléaire commune en Europe
   a) Les réussites dans certains domaines
   b) Les échecs (un exemple : la France fait cavalier seul)

3) La situation actuelle : une Europe divisée sur la question du nucléaire

....
....
....
....
....
....
....
....
....
....
....
....
....
....
....
....
....
....
....
....
....
....

■ **14** ■ *Prenez maintenant connaissance des deux textes qui suivent : ils présentent des arguments pour ou contre le nucléaire. Vous allez devoir les incorporer à votre synthèse.*

• *Relisez la synthèse que vous venez de rédiger pour voir où vous pourriez « greffer » ces nouvelles informations.*

• *Proposez une introduction présentant la problématique :* peut-on envisager de sortir du nucléaire ?

• *Rédigez pour finir une conclusion.*

SORTIR DU NUCLÉAIRE

Les arguments en faveur de la sortie du nucléaire sont nombreux. Le premier concerne évidemment les risques d'accident : la catastrophe de Tchernobyl est encore dans tous les esprits et l'on sait que dans les pays de l'Est, certaines centrales, vieillissantes, présentent un réel danger. Mais quel est le pays, aussi développé soit-il, qui pourrait se dire à l'abri d'un tel désastre ? Aucun ! Par ailleurs, le nucléaire civil émet des déchets radio-actifs très polluants, dont la toxicité se fera sentir pendant des milliers d'années. La seule solution est l'enfouissement des déchets. Mais qui peut savoir ce qu'il adviendra de ces déchets dans quelques siècles ? De plus, le nucléaire civil est coûteux, même si les sub-ventions publiques cachent aux yeux du public l'énormité des sommes engagées qui auraient pu être investies dans la recherche pour le développement durable.

Une autre question se pose : le développement du nucléaire civil incite très souvent les États à développer en parallèle un programme nucléaire militaire. Comment éviter ce glissement vers l'usage militaire du nucléaire ? Et enfin, prétendre que le « tout nucléaire » assure notre indépendance énergétique, n'est-ce pas un leurre* puisque, aucun de nos pays développés ne produisant d'uranium, nous dépendons étroitement des pays producteurs ?

* **un leurre** = une illusion.

Le nucléaire, une énergie « écologique »... et peu chère

Pour certains chercheurs, la seule manière d'enrayer le réchauffement climatique et donc de réduire les émissions de CO_2, c'est le nucléaire. Cette thèse est défendue par de nombreux écologistes convaincus, dont Patrick Moore, ex-membre de *Greenpeace*, par exemple. Paradoxalement donc, cette source énergétique, qui est pourtant potentiellement la plus dangereuse pour la planète, pourrait peut-être arriver à la sauver.

D'autres chercheurs mettent en avant la question des coûts : le nucléaire civil constitue la source d'énergie la moins chère comparée aux autres énergies, surtout en ces temps où le prix du baril de pétrole ne cesse de grimper.

MÉLI-MÉLO

La java des bombes atomiques (Boris Vian, 1955)

Mon oncle, un fameux bricoleur, faisait en amateur des bombes atomiques
Sans avoir jamais rien appris, c'était un vrai génie question travaux pratiques
Il s'enfermait toute la journée au fond de son atelier pour faire ses expériences
Et le soir il rentrait chez nous et nous mettait en transes en nous racontant ça

Pour fabriquer une bombe A, mes enfants, croyez-moi, c'est vraiment de la tarte !
La question du détonateur se résout en un quart d'heure, c'est de celles qu'on écarte
En ce qui concerne la bombe H, c'est pas beaucoup plus vache mais une chose me tourmente
C'est que celles de ma fabrication n'ont qu'un rayon d'action de trois mètres cinquante

Il y a quelque chose qui cloche là-dedans : j'y retourne immédiatement

Sachant proche le résultat, tous les grands chefs d'État lui ont rendu visite
Il les reçut et s'excusa de ce que sa cagna était aussi petite
Mais sitôt qu'ils sont tous entrés, il les a enfermés en disant : Soyez sages !
Et quand la bombe a explosé, de tous ces personnages, il n'en est rien resté

Les doublets

Ils correspondent à deux mots de même origine dont l'un a suivi une évolution phonétique normale (mot populaire) alors que l'autre a été emprunté directement au latin (mot savant).

chétif = maladif, de mauvaise constitution
captif = prisonnier

écouter = prêter l'oreille
ausculter = explorer les bruits de l'organisme

entier = complet, total
intègre = entier au sens figuré, honnête

frêle = qui semble manquer de force, délicat
fragile = faible, malingre

grêle = fin, mince, filiforme
gracile = mince et délicat

hôtel = établissement où on loge et où l'on trouve toutes les commodités du service pour un prix journalier
hôpital = établissement où l'on soigne les malades

livrer = remettre, donner
libérer = mettre en liberté

loyal = fidèle, honnête, dévoué
légal = qui est conforme à la loi

mâcher = écraser avec les dents
mastiquer = mâcher longuement

poison = substance dangereuse pour l'organisme
potion (**magique**) = remède miracle

raide = qui manque de souplesse
rigide = austère, dur, grave, qui refuse les compromis

sembler = paraître
simuler = faire semblant, feindre

œuvrer = travailler, agir
opérer = pratiquer, pratiquer une opération chirurgicale

Bilan autocorrectif

Maintenant vous savez...

A – Ce qu'est une synthèse.

■ 1 ■ **Répondez par** *VRAI* **ou** *FAUX*.   ... /3

	Vrai	Faux
a) Dans une synthèse, il ne faut pas recopier des phrases ou des paragraphes de l'un des documents.	❑	❑
b) Vous pouvez exprimer votre avis personnel, mais seulement dans l'introduction.	❑	❑
c) Si vous citez une phrase du texte, vous devez la mettre entre guillemets.	❑	❑
d) Il n'y a jamais de conclusion dans une synthèse.	❑	❑
e) On doit produire un seul texte construit.	❑	❑
f) Le nombre de mots à produire dans une synthèse n'est pas toujours précisé.	❑	❑

B – Utiliser correctement un lexique spécialisé.

■ 2 ■ **Complétez avec les mots suivants :** *pays, région, département, province, territoire*.   ... / 3

a) En France, il y a 21 .... et une centaine de ....

b) La Martinique et la Guadeloupe sont des .... d'outre-mer, la Nouvelle-Calédonie est un .... d'outre-mer

c) Vous vivez à Paris ou en ....?

d) Dans l'Union européenne, il y a actuellement 27 .... membres.

C – Distinguer des paronymes (des mots qui se ressemblent).

■ 3 ■ **Entourez le terme qui convient au contexte.**   ... /3

a) Il est très lunatique. Son *humeur / humour* peut changer d'une minute à l'autre.

b) Le médecin lui a *prescrit / proscrit* de marcher au moins une heure par jour.

c) Certains Français ont eu des difficultés à *adopter / adapter* leur comportement à la nouvelle loi sur le tabac.

d) Fais bien attention, le poisson est délicieux mais il est plein *d'arrêts / d'arêtes*.

e) En trois mois, on ne peut pas dire que la situation ait beaucoup *évolué / évalué*.

f) Le trésor était *enfui / enfoui* exactement en plein milieu de l'île déserte.

D – Repérer si le « ne » tout seul est une vraie négation ou s'il est explétif.

■ 4 ■ **Dans les phrases suivantes, peut-on supprimer le « ne » sans changer le sens de la phrase?** ... / 3

a) On ne sait exactement ce qui a pu se produire.

b) Cette maladie est beaucoup plus fréquente qu'on ne le pense généralement.

c) Pour éviter que les langues régionales ne se perdent, inscrivez vos enfants dans des écoles bilingues.

d) Il faut absolument revoir toute la politique nucléaire avant qu'il ne soit trop tard.

e) On ne cesse de se plaindre du niveau de connaissances des langues étrangères en France mais fait-on le nécessaire pour remédier à ce handicap?

f) Un coup de blues au début de l'hiver? Pour empêcher que cela ne s'aggrave, avez-vous pensé aux vertus de la luminothérapie?

E – Utiliser le passé simple quand il est nécessaire.

■ 5 ■ **Dans les phrases suivantes, entourez le temps qui convient le mieux.** ... /4

a) Battu à Waterloo, Napoléon *a été fait / fut fait* prisonnier et il *a fini / finit* ses jours dans l'île de Sainte-Hélène.

b) Hier, mes voisins *se sont disputés / se disputèrent* une partie de la nuit. Je *n'ai pas pu / ne pus pas* fermer l'œil avant quatre heures du matin.

> ### *GRANDE RÉCAPITULATION : TESTEZ-VOUS !*

En quoi les phrases suivantes sont-elles incorrectes? ... /4
***Attention**, les problèmes sont très divers.*

a) Je pars en voyage ensemble avec mon frère Adrien.

b) Nous avons rendez-vous à quatorze heures et demie à l'aéroport.

c) C'était un enfant d'une treizaine d'années.

d) Une voiture l'a renversé en traversant sans regarder.

e) J'aborderai d'abord la situation, ensuite ses causes. En troisième lieu, j'examinerai les solutions proposées jusqu'ici. Et dernièrement, je ferai quelques suggestions.

f) Je pense qu'il est professeur du théâtre à l'université.

g) À cette époque, il avait exactement une quarantaine d'années.

h) C'est de cet homme dont je voudrais te parler.

⬤ COMPTEZ VOS POINTS

De 13 à 20 : c'est vraiment très bien. Si vous avez 15 ou plus, vous êtes un(e) vrai(e) champion(ne)

Plus de 10 : pas mal, pas mal… Si c'est le dernier exercice qui vous a posé problème, ne vous inquiétez pas, il était vraiment difficile. Regardez la correction.

Moins de 10 : regardez, depuis l'Unité 3, ce qui vous a fait hésiter. Et refaites les exercices que vous n'avez pas réussis.

CORRIGÉS DES EXERCICES

UNITÉ 1 • LEÇON 1

Page 9

1. a) Faux – **b)** Vrai – **c)** On ne sait pas – **d)** On ne sait pas – **e)** Vrai.

2. a) J'étais inquiète. – **b)** Se rendre en voiture en un lieu peu éloigné. – **c)** Se fâcher, se mettre en colère. – **d)** Provoquer des incidents.

3. *Par exemple* : – Qu'est-ce qui s'est passé avec ma mère ? Elle a des bleus partout !
– Ah oui, avant-hier, elle est tombée de son lit et…
– Et vous n'avez rien fait ? Personne n'a vérifié si elle n'avait rien de cassé ?
– Mais si, on lui a passé du Synthol tout de suite.
– C'est quand même bizarre qu'une simple chute…
– Dites donc, traitez-moi de menteuse pendant que vous y êtes !

4. a) atténuer – **b)** occasionner – **c)** faute de quoi.

5. – *On n'a rien fait pour la soulager ?* → *Si, on lui a passé du Synthol.* = réponse affirmative à une question négative.

Page 10

6. *Par exemple* : **a)** Chaque année, il se retire dans un lieu isolé pour prier. – **b)** Quand pensez-vous arrêter de travailler ? – **c)** Quand il a quitté le champ de bataille après sa défaite en Russie, en 1812, Napoléon a perdu des milliers de soldats. (battre en retraite = quitter le champ de bataille après une défaite) – **d)** L'ours avait trouvé un havre/une cachette sûre, en plein milieu du bois. – **e)** À dater du 1er juillet, les pensions connaîtront une hausse de 2,5 %.

7. a) aidé – **b)** obstinée – **c)** les coudes appuyés sur… – **d)** serrés l'un contre l'autre/dans les bras l'un de l'autre.

Page 11

8. Nets = b, e, f – Mesurés = a, c, d.

9. *Par exemple* : Ce jour-là, j'ai constaté qu'elle avait des hématomes un peu partout sur le corps. Comme elle ne voulait rien dire, je suis allée voir l'infirmière-chef qui m'a dit que, l'avant-veille, elle avait fait une chute mais qu'on l'avait soignée aussitôt. Le mercredi suivant, j'y suis retournée vers midi : ma mère n'était ni levée ni lavée. L'infirmier de garde, ce jour-là, a prétendu que toutes les personnes âgées, ma mère y compris, étaient paranoïaques.
Le 30 septembre dernier, j'ai envoyé une lettre de protestation au directeur de cette maison de retraite, lettre restée sans réponse jusqu'à maintenant…

Page 12

10. *Par exemple* : Tout d'abord, je voudrais signaler que, contrairement aux allégations de Mme Bertin, dont chacun connaît le goût pour la chicane, tout a été fait pour soulager sa mère immédiatement. Nous lui avons proposé de faire des radios, ce qu'elle a refusé, disant qu'elle se sentait bien. Quant au mercredi, il est vrai que ce jour-là, par manque d'effectifs, le service est un peu retardé mais, en tout état de cause, toilettes et ménage sont toujours faits avant 13 h.

Page 13

11. *Par exemple* : (Consignes formulées à l'impératif) Traitez toujours les résidents avec le plus grand respect. – Frappez toujours avant d'entrer dans les chambres. – Laissez les dames libres de décider de la manière dont elles veulent se coiffer ou s'habiller.
(Formulées à l'impératif négatif) : Ne traitez pas les personnes âgées comme des enfants. – Ne les tutoyez pas. – Ne les obligez jamais à manger si elles n'ont pas faim, à sortir si elles n'en ont pas envie. – Ne prenez pas leurs plaintes à la légère.

Méli-mélo a) 1) Tu m'ennuies / Tu es mal placé pour me critiquer. – 2) Elle m'a ennuyé(e) avec ses bavardages. 3) De ne rien faire / m'aider. 4) Légèrement, de manière désinvolte / avec insouciance. **b)** 2.

• LEÇON 2

Page 15

1. Non : « Bien que ce ne soit guère l'usage et que je n'y sois nullement tenu… »

2. Gênée, handicapée parce que vous étiez malade.

3. Ce n'est pas la règle pour les partiels : l'étudiante doit aller au rattrapage.

4. Travail peu construit, superficiel, mal argumenté, redondant, des erreurs grossières dans les citations, une bibliographie mal présentée, une conclusion trop « close ».

5. a) l'usage – **b)** je conçois – **c)** avoir lieu.

6. Absolument, complètement.

Page 16

7. a) l'ensemble des travailleurs – **b)** l'entrée dans un repas – **c)** une œuvre remarquable, exceptionnelle.

8. a) Il n'a rien écrit / c'est un plagiat. – **b)** Vous avez remarqué… / Il évalue. – **c)** achats / court texte pour une revue, un journal.

Page 17

9. a) opposition – **b)** concession – **c)** concession.

10. Ce n'est guère l'usage et cependant… – **b)** Ce n'est guère l'usage, je veux bien vous donner quelques explications quand même. – **c)** Même si ce n'est guère l'usage, je veux bien…

11. *Par exemple* : Vous êtes tenu(e) de vous présenter au partiel de Philologie française qui aura lieu le 26/01/2008 en salle B 322, à 8 heures.

Page 18

12. *Par exemple* : J'ai l'honneur de solliciter de votre bienveillance l'autorisation de refaire mon partiel. En effet, je suis malade depuis quinze jours. Vous avez sans doute constaté que, le jour du partiel, je n'étais pas bien du tout, ce qui m'a fortement pénalisée. D'autre part, la note que vous m'avez donnée ne correspond pas aux résultats que j'ai obtenus pour le dossier que j'ai fait avec Laurène D. et Bruno T. D'ailleurs, je m'étonne qu'ils aient eu lors du partiel une note bien meilleure que la mienne, étant donné que nous avons travaillé ensemble tout le semestre et que nous avons révisé pour l'examen ensemble également…

Page 19

13. *Par exemple* : Ma chère Élise, merci pour ton message mais je ne pourrai pas travailler avec toi ce semestre. Comme je te l'ai peut-être dit, à partir de février, je vais avoir un emploi du temps un peu compliqué : tous mes week-ends sont pris, ainsi que certaines soirées. Je suis donc obligé(e) de travailler seul(e) pour ce dossier. Crois bien que je le regrette. Amicalement XX.

Méli-mélo : Prendre le taureau par les cornes.

Page 21

1. Faits divers locaux, politique, sport, faits divers « people », correction orthographique et grammaticale.

2. a) Ils protestent contre tout. – **b)** Nous sommes opposés à…

3. a) Réceptionniste = il reçoit les lettres des lecteurs. ; un intermédiaire = Il les transmet à la direction de son journal. ; un juge de paix = Il arbitre des opinions contraires. – **b)** Oui.

4. Non, une faute d'orthographe ou une erreur de date n'ont rien à voir avec une simple « coquille ».

Page 22

5. Rendre compte de quelque chose à quelqu'un = informer, rapporter. / Se rendre compte de quelque chose = constater.

6. un compte rendu.

7. La presse à scandales qui s'occupe uniquement des gens célèbres.

8. fait divers, une, presse, scoop, agences.

9. médire

10. nous ont reproché d'avoir apporté notre appui…– se sont étonnés de l'appui… – sont choqués de l'appui… – ont jugé sévèrement l'appui…

11. a) les feuilles de papier d'un livre – **b)** vos documents d'identité – **c)** un article – **d)** un petit morceau de papier.

Faits de langue (1) : quant à, il se résout, un appartement.

Page 23

12. a) …sans que nous l'ayons invité. – **b)** Que tout homme puisse… j'en suis persuadé. – **c)** Il faut qu'il soit coupable pour qu'on l'ait condamné. – **d)** Qu'il fasse beau ou mauvais, le mariage… – **e)** …sans qu'on le lui ait permis.

13. ils, certains, d'autres, abonnés, censeurs, on.

Page 24

14. *Par exemple* : Abonné à votre journal depuis quinze ans, j'ai toujours approuvé vos prises de position et rendu hommage au sérieux et à la pertinence de vos analyses. Mais quelle mouche vous a piqué depuis quelques semaines ? Je voudrais en particulier vous faire part de ma complète désapprobation en ce qui concerne l'article que M.H., dans le numéro du 10 avril, a consacré aux problèmes conjugaux du ministre de la justice. Pour un journal qui se prétend sérieux, il est plus que surprenant de voir traiter des sujets aussi oiseux. Désirez-vous donc faire concurrence à la presse à sensation ? Si c'est ainsi que vous pensez accroître votre audience, je peux vous assurer que vous vous trompez lourdement.

Page 25

15. *Par exemple* : Encore beaucoup de plaintes dans le courrier de ce mois-ci, même si vous n'êtes pas souvent d'accord. Certains lecteurs nous reprochent d'avoir consacré trop de lignes à la disparition de Claude Pompidou, alors que pour d'autres, cette disparition aurait mérité qu'on s'y attarde davantage. Une lectrice de Melun nous félicite d'avoir consacré tout un dossier au nucléaire et d'avoir donné la parole à ses défenseurs. Bien entendu, les lecteurs anti-nucléaires protestent énergiquement contre cet article. Nous rappelons que, dans les pages OPINIONS, les articles n'engagent que leur auteur et non la rédaction. On nous accuse pêle-mêle de prendre position politiquement de manière trop marquée (à droite ou à gauche) et de rester trop frileux sur les grands sujets de société comme l'élargissement de la communauté, par exemple. Si vous nous lisez attentivement, vous constaterez que nous avons toujours su prendre nos responsabilités et exprimer clairement nos opinions.

Naturellement, certains sujets plus polémiques sont au sein de la rédaction des sujets de débat. C'est le fait même de la démocratie.

Méli-mélo : *Par exemple* : Pendant qu'ils courent sur le court de tennis, elle s'entraîne pour le marathon de Paris : elle court toute légère, avec ses cheveux courts et ses longues jambes, tout autour de la cour du lycée, admirée de tous ceux qui lui font la cour.

Page 27

1. À un avocat : b4 – À votre amoureux/se : a5 – À un copain : d1 – À l'administration : f2 – À votre PDG : c3 – À un collègue : e6.

2. a) 2 – **b)** 3 – **c)** 4 – **d)** 1.

3. c

Page 28

4. a) planter – **b)** la résignation.

5. a) prenne – **b)** ont eu – **c)** refassiez – **d)** a changé – **e)** aie écrit.

6. Elle m'a expliqué qu'elle n'était à Paris que pour deux jours, ce jour-là et le lendemain parce que, le surlendemain, elle devait aller à Zürich voir son oncle. En effet, sa mère, la veille au soir, quand elle l'avait quittée à Bangkok, lui avait fait promettre d'y aller ; c'était son frère préféré. Laurie a ajouté qu'elle revenait à Paris au début de la semaine suivante.

UNITÉ 2 • LEÇON 4

Page 31

1. Il avait été surpris et intrigué par l'intérêt que des amis à lui, ayant fait cette expérience, avaient manifesté.

2. *Par exemple*: Comment elle fait pour se déplacer? Comment elle peut noter ce que dit le prof? Comment elle se débrouille dans la vie de tous les jours?…

3. Peut-être a-t-elle eu peur de ce genre d'expérience, peur de se sentir gênée, désorientée.

4. Par les autres sens: le toucher, l'ouïe, l'odorat.

5. On perd le sens des volumes et des distances, on perd le goût des aliments, on a tendance à parler plus fort, on a l'impression d'avoir moins de pudeur.

6. a) Il faut vraiment en faire beaucoup. – **b)** Ça ne l'intéressait pas beaucoup, ça ne lui disait pas grand-chose. – **c)** Je me sentais mal à l'aise, j'avais un peu peur. – **d)** Avoir trop bu, être ivre. **e)** C'est difficile, c'est la catastrophe!

7. *Par exemple*: On a éclaté de rire parce que les gens étaient très différents de ce qu'on avait imaginé, chacun dans sa tête.

Page 32

8. L'intuition, l'instinct.

9. Une sensation est de l'ordre du physique (faim, soif, peur, inquiétude…) / Un sentiment est plus « mental », plus psychologique (amour, haine, pitié, tendresse, mépris…) – Sensations: a, d, e, f; Sentiments: b (la peine), c (le bonheur), g (la rancune), h (la confiance).

10. La vue = apercevoir, contempler, dévisager, regarder, voir – L'ouïe = écouter, entendre, ouïr – Le goût = déguster, se régaler, savourer – Le toucher = caresser, effleurer, palper, pétrir, tâter, tâtonner, toucher – L'odorat = flairer, humer, sentir.

Page 33

11. C'est une différence de taille: la supérette est un magasin de quartier, le supermarché se trouve aussi dans les villes mais il est plus grand, l'hypermarché est très grand et se trouve à l'extérieur, à la périphérie des villes.

12. On ne peut faire la transformation que dans la phrase (b): *beau/bel/belle* peuvent se placer avant le nom → *Le plus bel exemple de solidarité.*

13. a) brillant – **b)** étonnant – **c)** excellent – **d)** négligent – **e)** pesant – **f)** récent.

Page 34

15. *Le voyeur absolu*: le titre est un peu ambigu, « voyeur » pouvant être dans certains contextes proche de « pervers »; mais cela peut aussi vouloir dire que Bavcar voit « avec les yeux de l'âme ».

16. *Exemple de questions*: Comment faites-vous pour savoir si ce que vous voulez photographier est dans le champ ou non? Vous faites-vous aider par une personne voyante? Comment percevez-vous l'intensité lumineuse? Est-ce que vos thèmes sont liés au fait de ne pas voir?

Page 35

17. Pensez à la parole (qui décrit, analyse), à la possibilité de toucher (sculptures, par exemple), à la relation entre couleurs et chaleur/froid…

18. *Par exemple*: Comment étaler le fond de teint, se mettre du rouge à lèvres sans déborder… Il faut peut-être essayer de faire soi-même l'expérience (se laver les cheveux, le visage ou les dents, se maquiller…) pour comprendre où se situent les problèmes et comment on peut les résoudre.

Méli-mélo: 1. Au royaume des aveugles, les borgnes sont rois.

2. a) Ça se voyait comme le nez au milieu de la figure – **b)** te fasses tirer l'oreille.

• LEÇON 5

Page 37

1. Coup de tonnerre, choc, commotion violente, 100 000 volts, pétrifiée, le cœur arrêté…

2. On perd le sens et les sens (ne plus voir, ne plus parler; pâlir/rougir; transir/brûler).

3. C'est une phrase hypothétique tronquée; sous-entendu: si elle ou s'il le demandait…

4. « Les plus timides se découvrent audacieux, c'est une révolution qui s'opère en nous »; on est perdu et éperdu.

5. *Par exemple*: ne pas s'enfermer dans le tête-à-tête, être tolérant, indulgent, avoir de l'humour…

Page 38

6. amour/désamour; avantage/désavantage; espoir/désespoir; intérêt/désintérêt; union/désunion.

7. Dans tous les cas, il s'agit d'un événement dramatique, brutal, violent, contre lequel il est très difficile d'agir.

8. b.

Page 39

10. Oui. La phrase est un peu bizarre mais possible: elles étaient *toutes* très contentes (ou *toutes* contentes).

11. a) elle-même – **b)** soi-même – **c)** soi.

Page 40

12. *Par exemple* (150 mots): Contrairement à l'époque des mariages de raison, nous pensons aujourd'hui qu'en amour, nous sommes absolument libres de nos inclinaisons. Ce n'est pas tout à fait vrai. En effet, selon les psychologues et les sociologues, le choix d'un partenaire est en grande partie conditionné, à notre insu, par nos appartenances sociales. P. Bourdieu, par exemple, note que ce qui nous séduit chez l'autre, son style, son allure… tout cela dépend largement de notre position sociale, tout comme les lieux où l'on s'est rencontré, qui ne sont jamais socialement neutres.
Quant à N. Elias, il insiste sur la différence des valeurs selon les classes sociales et donc des comportements, des qualités qui sont plus ou moins valorisés chez l'autre.
Comment, avec un tel déterminisme, peut-on alors ressentir si fortement notre liberté en ce domaine? Et en particulier, comment penser l'amour fou qui, en apparence, s'affranchit justement de toute contrainte sociale?

Page 41

13. *Par exemple*: Pâris, le plus jeune fils du roi de Troie, était le protégé d'Aphrodite qui lui avait promis qu'il serait aimé par la plus belle femme du monde. Au cours de ses voyages, le jeune homme arriva un jour à Sparte, chez le roi Ménélas. Son épouse, la belle Hélène, – c'était elle la plus belle des femmes! – succomba au premier regard et s'enfuit avec le voyageur, abandonnant son royaume, son mari, son enfant. Ce coup de foudre fut lourd de conséquences: il est à l'origine de la guerre de Troie, décrétée pour punir le ravisseur et ramener la belle infidèle.

• LEÇON 6

Page 43

1. C'est comme l'impression qu'on a déjà vu cette personne, ce paysage, cette ville; c'est comme un souvenir un peu vague mais persistant.

2. À l'origine, c'est un instrument qui permet de voir des images éclatées, multipliées; au sens figuré, c'est une succession très rapide d'impressions, de sensations.

3. Les plumbagos, les fleurs (mimosa, bougainvillier), des lilas du Japon, un pays âpre, des tuiles vernissées vertes, des étés torrides, ensoleillés, des dromadaires : un pays désertique mais plein de fleurs et d'odeurs. La Tunisie ? Le Maroc ? L'Algérie ? Il s'agit du Maroc.

4. Des adjectifs : regretté, douloureux ; Des noms/expressions : une réminiscence, le temps suspendu, joie, douceur, tristesse, mélancolie, chagrin, regret, mal du pays.

5. Probablement non, elle donne une image embellie, comme enchantée.

Page 44

6. a) Lourd, en peine. – **b)** Je partage votre émotion. – **c)** …elle a été choquée. – **d)** Nous avons tenu à finir… – **e)** Très volontiers, avec plaisir.

7. a) Très ouvertement, sans se cacher – **b)** Très discrètement, sans qu'on le voie. – **c)** C'est banal !

8. a) entend – **b)** regardez – **c)** écoutait – **d)** ressentait – **e)** sentent – **f)** perçoit.

9. a) souvenirs – **b)** mémoire – **c)** mémoire – **d)** souvenirs.

10. Souvenir : les réminiscences ou les évocations – Nostalgie : le regret.

11. d – b – a – c – e.

Page 45

12. a) Folle que tu es… – **b)** …absorbé qu'il était… – **c)** En bon père qu'il est…

13. a) La France, vieux pays où il fait bon vivre, accueille… – **b)** Pétrifiée, la petite fille regardait… – **c)** Elle avait une seule occupation : regarder la télévision.

Page 46

14. *Par exemple* : Comme tout a changé en quelques années. Je me souviens de l'époque où ce quartier était le centre intel-lectuel de la France. À la place de cette boutique de vêtements, là, au coin, il y avait une librairie, par exemple. Et des librai-ries, il y en avait dix, quinze, vingt dans ce quartier. Et mainte-nant, on les compte sur les doigts d'une main ! Et c'était un arrondissement tellement vivant, avec ses cafés où l'on pouvait croiser tout ce que Paris comptait d'intellectuels de renom, ses clubs de jazz, ses théâtres, ses cinémas… Les touristes qui vien-nent ici avec l'idée de retrouver toute cette vie trépidante et artistique sont bien déçus car tout cela a disparu, dévoré par le commerce de luxe. Des fringues, des fringues, des fringues…

Page 47

Méli-mélo : La porte claque, l'huile grésille, un plancher de bois craque, l'abeille bourdonne, le champagne pétille, le feu crépite, le pigeon roucoule.

Page 49

1. Sensations : b – c – e – f – i ; Sentiments : a – d – g – h – j.

2. a) Écoute – **b)** regarder – **c)** sent – **d)** aperçu.

3. Amour intense : a – d – e – h – i – j ; Amour plus mesuré : b – c – f – g.

Page 50

4. la rancune.

5. a) tous – **b)** tout – **c)** tous – **d)** toute – **e)** tout – **f)** toute – **g)** tout – **h)** tout.

6. a) soi – **b)** nous – **c)** soi – **d)** elle – **e)** eux – **f)** toi.

7. a) étonnamment – **b)** obligeamment – **c)** décemment – **d)** prudemment – **e)** excellemment – **f)** méchamment – **g)** bruyamment – **h)** différemment.

UNITÉ 3

Page 53

1. La majorité des Français (61 %) estiment que les conditions de travail se sont dégradées depuis quelques années.

2. On peut imaginer qu'il s'agit de l'incertitude face à leur avenir professionnel, de la surcharge de travail et de sa non reconnaissance.

3. a) Oui (pour 61 %, la situation s'est dégradée). – **b)** Oui (c'est le premier problème évoqué : 54 %). – **c)** Oui (ils sont peu nombreux à se plaindre d'avoir trop de responsabilités : 9 %). – **d)** Non (seuls 12 % s'en plaignent). – **e)** Oui (le manque de reconnaissance de leur travail affecte 45 % des personnes interrogées).

4. Les différences sont minimes. On peut cependant noter que les personnes actives sont plus sensibles à la non reconnaissance de leur travail que l'ensemble des Français (49 % / 45 %).

Page 54

5. a) 6 – **b)** 4 – **c)** 3 – **d)** 1 – **e)** 7 – **f)** 5 – **g)** 2.

6. Dans le mot « demander », il y a déjà l'idée de « question » → poser une question.

7. a) Mon avis, mon opinion. – **b)** Une émotion.

8. a) La voiture a complètement tourné sur elle-même. – **b)** À toutes les étapes. – **c)** Littéralement.

Page 55

9. a) Un millier est plus imprécis. – **b)** Une demi-douzaine d'œufs = exactement six œufs. / Une demi-douzaine de fois = peut-être 5, 6, 7 fois = quelquefois.

Page 56

10. Plus le travail est valorisant et bien payé, plus le désir de travailler plus longtemps est grand. De même, le fait d'avoir la capacité d'organiser soi-même son travail, d'être indépendant, revêt une grande importance : les professions libérales (médecins, avocats…) sont massivement pour.

11. Ce n'est pas exactement ce que disent les chiffres : 63 % des Français sont pour qu'un salarié (mais pas nécessairement eux-mêmes) puisse **choisir ou non** de travailler après 65 ans ; les titres des journaux semblent dire que 63 % des Français souhaiteraient travailler plus longtemps.

Page 57

12. *Par exemple* : Les 11 et 12 juillet 2007, TNS/SOFRES a réalisé pour *Le Pèlerin* une enquête concernant les conditions de travail en France. Les résultats montrent une très réelle insatisfaction des Français et beaucoup d'angoisse. Pour une assez forte majorité (61 %), les conditions de travail se sont dégradées ; seules 4 % des personnes interrogées estiment qu'elles se sont « nettement améliorées ». Quant au terme qui décrit le mieux la façon dont la plupart des gens vivent leur travail, c'est le stress qui est évoqué dans plus des trois quarts des cas, stress perçu par la quasi-totalité (91 %). Parmi les problèmes rencontrés au travail, sont mentionnés dans l'ordre : l'incertitude, la crainte du chômage, le manque de reconnaissance, le sentiment de ne pas voir son travail estimé à sa juste valeur, la surcharge de travail… Il est intéressant de noter que les opinions des personnes actives diffèrent très peu de celles de l'ensemble de la population. Les pouvoirs publics et le personnel d'encadrement des entreprises devraient analyser de près cette enquête pour mieux comprendre les raisons profondes du mal-être au travail, qui ne peut être que préjudiciable aux résultats.

Page 59

1. a) Beaucoup – **b)** Atteindre un point où presque tous les gens possèdent ces biens de consommation.

2. a) Vrai – **b)** Vrai – **c)** Faux (35 %) – **d)** Vrai – **e)** Vrai – **f)** Faux (plus que triplé) – **g)** Vrai – **h)** Faux (presque un ménage sur deux) – **i)** On ne sait pas – **j)** Faux (0,1 % n'en ont pas) – **k)** On ne sait pas – **l)** Vrai.

3. En 1960, la majorité des logements n'avait ni toilettes intérieures, ni salle de bains, ni équipement électroménager, ni voiture. Aujourd'hui, la quasi-totalité des gens possèdent une salle de bains, un réfrigérateur, un lave-linge, une télévision… Et quatre ménages sur cinq ont une voiture, voire parfois deux.

Page 60

4. a) Unité d'habitation. – **b)** Le nettoyage + le rangement. – **c)** Un jeune couple. – **d)** Une scène de ménage = une dispute conjugale.

5. Un lave linge, un lave-vaisselle, une cuisinière, un aspirateur…

6. facilement (qui n'exprime pas une idée d'intensité)

7. a) Cinq enfants nés ensemble. – **b)** Un appartement situé sur deux étages. – **c)** Ensemble de quatre musiciens. – **d)** Périodes de dix jours. – **e)** Un groupe de trois personnes.

Page 61

8. a) Qui se méfie de tout. – **b)** Une réunion où les gens peuvent danser. – **c)** Où il y a beaucoup de passants. – **d)** Non gratuite. – **e)** Où l'on peut glisser, dangereuse. **f)** Qui peut inquiéter. – **g)** Libre, disponible. – **h)** Qui se fait remarquer, vulgaire.

9. a) d'avantage(s) (≠ d'inconvénients) – **b)** plutôt (= de préférence) – **c)** bien tôt (= un peu trop tôt).

Page 62

10. *Par exemple* : Contrairement à ce que l'on pense parfois, les Français se sont considérablement enrichis depuis quarante ans ; leur pouvoir d'achat a quadruplé entre 1960 et 2005. C'est surtout au cours des Trente glorieuses (1945-1973) que cette expansion a été remarquable, avec une croissance très soutenue (environ 5 % par an). Actuellement, la quasi-totalité des ménages possède tout le confort et plus de la moitié d'entre eux sont propriétaires de leur logement.
Même si beaucoup imaginent souvent l'inverse, les inégalités de salaires sont beaucoup plus faibles aujourd'hui qu'il y a quarante ans. Alors, d'où vient cette impression de pauvreté croissante et d'inégalité persistante ? La question du chômage, la précarité de nombreux emplois, le temps partiel imposé, l'apparition des « nouveaux pauvres », tout ceci contribue à cette angoisse diffuse des Français. D'autre part, les faits sont têtus : même si les inégalités de patrimoine sont moins flagrantes qu'avant, il n'en reste pas moins que 5 % des Français possèdent 30 % du patrimoine total.

Page 63

11. *Par exemple* : …Moins de pain, moins de pommes de terre, beaucoup moins de sucre… Les Français, qui font attention à leur santé et à leur ligne, mangent plus léger, moins sucré. Ils consomment davantage de poisson, de légumes, de laitages, de viande blanche. Quant au vin, si le vin ordinaire est de moins en moins prisé (passant de 95,5 à 23,7 litres par an et par personne), la consommation de vin supérieur a plus que triplé dans le même temps. Mais la hausse la plus spectaculaire concerne l'eau minérale : les Français qui en consommaient moins de 40 litres par an en 1970 en ont bu plus de 170 litres en 2006 !

Méli-mélo : Avant-hier - non-violente - ultramince - minijupe - super sympa, hyper intéressant.

Page 65

1. En statistiques, il s'agit d'un graphique circulaire divisé en parts.

2. Les indemnités de chômage + les allocations familiales + l'assurance maladie, la sécurité sociale + l'aide au logement + les pensions de retraite…

3. b.

4. Peut-être parce qu'il s'agit de « pays émergents », dont le niveau de vie est encore un peu moins élevé que dans d'autres pays européens.

5. La population vieillit et ceci est vrai dans tous les pays européens. Il est donc logique que la branche « vieillesse » coûte de plus en plus cher à la société.

6. Il y a davantage de personnes jeunes que dans les autres pays européens.

7. Pour les deux tiers, il s'agit d'argent ; pour le dernier tiers, de prestations en nature (services sociaux, formation…).

Page 66

8. Prendre un grand risque, tout gagner ou tout perdre.

9. a) Très peu cher, très bon marché. – **b)** Il faudra me rendre un service équivalent. – **c)** erreur, malentendu, quiproquo.

10. a) ont affecté – **b)** une croissance – **c)** la part – **d)** les prestations – **e)** des écarts.

11. a) affectation (*À la suite d'un redéploiement des ressources totales, ces sommes ont reçu une nouvelle affectation.*) – **b)** exclusion (*Il faut lutter contre l'exclusion des plus pauvres.*) – **c)** versement (*Le versement de ces allocations est mensuel.*).

12. a) démographes, taux – **b)** statistique – **c)** graphiques – **d)** pourcentage.

13. Un pays moins développé que d'autres pour l'instant mais en train de les rattraper.

Page 67

14. *Par exemple* : Les nouveaux pays européens, entre autres les pays baltes, ont une croissance soutenue. – Le « trou » de la sécurité sociale en France s'explique en partie par le vieillissement de la population. – Les observateurs, pour la plupart, sont optimistes quant à l'évolution de la situation économique.

15. a) au cours des… – **b)** à l'opposé des… – **c)** au sein de…

16. a) dirigeante – **b)** encourageantes – **c)** divergentes – **d)** plongeants – **e)** changeante – **f)** émergents.

Page 68

17. 1. L'Irlande et la France.

2. Pour l'Irlande, certainement l'influence religieuse et les lois restreignant le droit à l'avortement ; pour la France, c'est plutôt la politique d'aide à la petite enfance (allocations, crèches, écoles maternelles) qui joue.

3. Dans ces pays, le taux de natalité est très bas, il se situe au-dessous de la barre des 1,5 enfant/femme ; ceci est peut-être dû à des questions économiques (mais l'Italie et l'Espagne, pays « riches » sont dans le même cas), à une politique d'aide à l'enfance encore peu développée ou à un sentiment d'incertitude face à l'avenir.

4. Pour la plupart, il s'agit de pays ayant une politique sociale très développée (Danemark, Suède, Finlande…).

5. Le taux de natalité de l'Irlande va baisser, ceux de la France, du Danemark, des Pays-Bas et de la Finlande resteront à peu près identiques à ce qu'ils sont aujourd'hui.

Page 69

18. 1. C'est bien sûr l'anglais, sorte de *franca lingua* surtout en Europe du Nord (Danemark, Suède, Finlande…). C'est la première langue enseignée à l'école dans la plupart des pays.

2. Les pays du nord parlent davantage les langues étrangères que les autres ; c'est surtout vrai des Pays-Bas et du Danemark (avec l'anglais et l'allemand).

3. L'anglais et ensuite l'allemand dominent. La France est presque toujours en troisième position.

4. Dans ces pays, le français est davantage parlé : en Italie, en Espagne, en Allemagne et, naturellement, au Luxembourg et en Belgique où le français est l'une des langues officielles.

5. La même remarque vaut pour l'allemand et les pays limitrophes de l'Allemagne.

6. Le Luxembourg. Non, au Luxembourg, le français est l'une des langues officielles, et la plus souvent parlée.

7. C'est le Luxembourg : l'allemand et le français sont langues officielles, l'anglais la langue des transactions, des échanges.

Méli-mélo : une part – portion – proportion – partie.

Page 71

1. compléter.

2. a) 5 – **b)** 1 – **c)** 4 – **d)** 3 – **e)** 2.

3. a) 1 (troupeau = nom collectif) – **b)** 2 (= beaucoup de vaches) – **c)** 2 (= 15 personnes environ) – **d)** 2 (pourcentage suivi d'un nom pluriel).

4. a) la croissance – **b)** l'accroissement – **c)** la diminution – **d)** la baisse – **e)** la multiplication – **f)** l'atténuation.

Page 72

5. a) Vrai – **b)** Faux – **c)** Vrai – **d)** Faux – **e)** Faux – **f)** Vrai.

6. a) démographe, seuil – **b)** expansion – **c)** prestations – **d)** part.

7. a) magnifique – **b)** qui déçoit, qui a déçu – **c)** utilisée quotidiennement, banale – **d)** qui obtient des résultats.

8. a) fatigant – **b)** changeant – **c)** exigeant – **d)** convaincant.

UNITÉ 4

Page 75

1. a) La période d'invention, de liberté, de rudesse… – **b)** (Sous Louis XIV) La langue s'est polie, elle était majestueuse, belle, élégante. – Vaugelas, Richelet. – **c)** Néologismes, transformations de la société, avancées de la science, expériences nouvelles. – **d)** Naissance d'une langue nouvelle (SMS, blogs…).

2. C'est la technique, en particulier informatique, qui imprime à la langue son style.

4. L'auteur est pessimiste. Quoi qu'il dise à la fin de son texte, on sent bien qu'il déplore cette évolution (le vocabulaire s'appauvrit; une langue qui se réduit, qui n'a plus rien à dire).

Page 76

5. a) un mot nouveau – **b)** un procédé d'abrègement d'un mot – **c)** des dictionnaires – **d)** un langage particulier à un groupe de personnes – **e)** un utilisateur.

6. a) 7 – **b)** 6 – **c)** 10 – **d)** 2 – **e)** 9 – **f)** 3 – **g)** 5 – **h)** 4 – **i)** 8 – **j)** 1.

7. Dans ses deux sens le mot *poli* serait le contraire de *rude, brute*; c'est l'intervention humaine (l'éducation ou le geste) qui rend poli.

8. abrogation (tous les autres mots évoquent l'idée de réduction).

Page 77

9. a) Magnifique, cette fête! – **b)** Combien, ce collier? – **c)** Toutes mes félicitations! – **d)** Heureusement, après cette chute, pas une seule égratignure! – **e)** Sauvés, Dieu merci! – **f)** Arthur, mon fils.

10. Dès qu'il se met au lit, il s'endort. / À peine se met-il au lit qu'il s'endort.

Page 79

Méli-mélo: Laisse tomber! – Ne rigole pas! – Cet homme (ce mec) est fou! – Quelle est cette musique? – En métro ou en voiture?

Page 80

1. C'est une plaisanterie très connue. On peut penser que l'on n'est jamais content de son sort: on voudrait tous les avantages de la ville (la culture, les spectacles, les magasins…) et en même temps le bon air, la tranquillité de la campagne. En réalité, les villes à la campagne, c'est souvent la banlieue, pas toujours séduisante.

2. Ils contribuent à la détente des habitants; ils apportent de la beauté, de la douceur.

3. D'une part, il y a à cela une certaine injustice: les populations les moins aisées, qui ne peuvent plus payer les loyers très élevés du centre-ville, sont repoussées vers la banlieue; d'autre part, il faut bien démolir les logements vétustes et insalubres. En ce cas, créer des espaces verts dans les quartiers à forte densité leur donne une respiration.

4. La biodiversité, c'est la diversité, la variété des espèces animales ou végétales présentes dans un milieu naturel. – L'écosystème, c'est le milieu écologique, par exemple une forêt, une montagne, avec tout ce qu'il comprend.

5. Il est indispensable que les résultats obtenus par la politique écologique de la Ville soient évalués de façon neutre, impartiale, par un organisme rigoureusement indépendant.

Page 82

6. 1) a) victime de sévices, de brutalités, de maltraitance – **b)** le salaire – **c)** les remèdes – **d)** adjonction de produits (chimiques, par exemple) – **e)** la manière de procéder. **2) a)** du pétrole raffiné – **b)** le fond de l'être humain – **c)** espèces d'arbres – **d)** extraits concentrés.

7. a) Contrôle de la gestion d'une entreprise, d'une société. – **b)** À l'époque des rois, texte officiel, loi. – **c)** Un endroit à la campagne qui porte un nom particulier. – **d)** Une rumeur. – **e)** Quelque chose de caché, de tu, de passé sous silence.

8. a) citoyen – **b)** urbain – **c)** citadin.

9. (plantes) exotiques.

10. Watt = du nom d'un ingénieur écossais de la fin du XVIIIe siècle. – Macadam = du nom d'un autre ingénieur écossais de la même époque: il fit remplacer les pavés de Londres par des pierres concassées. – Braille = Louis Braille inventa un système permettant aux aveugles de lire avec les doigts. – Mécène = *Mœcenas,* aristocrate romain du temps d'Auguste, protégea les écrivains et les artistes.

Page 83

11. a) un futur antérieur – **b)** un présent de probabilité – **c)** un imparfait stylistique, correspondant à un passé composé – **d)** un présent de narration, correspondant à un passé simple – **e)** un passé composé « récapitulatif », de rétrospective.

12. a) Il a compris, j'espère. – **b)** Tout le monde, lui semblait-il, était contre lui. (ou: Tout le monde était contre lui, lui semblait-il.) – **c)** Votre ami a été licencié, paraît-il.

Page 85

Méli-mélo *Par exemple*: Abîmer quelque chose, le transformer de telle sorte qu'il soit juste bon pour la poubelle. – Transformer quelque chose en sandwich. – Rendre un sac, une ceinture, un accessoire quelconque plus élégant, plus chic, comme un produit Vuitton. – « Dioriser » évoque la même idée: transformer quelque chose en accessoire de luxe.

Page 87

1. La condition de touriste est souvent assez frustrante: on a l'impression de rester à la surface des gens et des choses, de rentrer exactement tels qu'on était partis. Un échange avec les autochtones nous permet de nous sentir plus concernés; on a compris, appris quelque chose qui peut-être transformera notre manière d'être et de voir le monde. En un mot, on a « gagné » quelque chose.

3. Par exemple, une erreur dans l'interprétation des signes, des symboles, de ce qui se fait ou non. Quelques exemples: les Français font facilement la bise à des gens qu'ils connaissent très peu; dans certains pays, un tel geste est très choquant. / Offrir des roses rouges à une femme est un peu compromettant: c'est lui faire une déclaration d'amour. / Offrir des chrysanthèmes serait un peu bizarre: c'est, traditionnellement, la fleur que l'on porte au cimetière pour honorer les morts. / Dans certains pays, on ne peut pas toucher la tête des enfants qu'on ne connaît pas: cela leur porterait malheur…

4. *Par exemple*: Vol sec: plus de liberté pour organiser son voyage tout à fait librement. / Vol + hébergement: on reste libre de ses journées mais on n'a pas à se préoccuper de trouver un hôtel sur place. / Voyage organisé: toutes les démarches sont prises en charge, on peut mieux se reposer; c'est parfois préférable dans certains pays éloignés, quand on ne parle pas la langue du pays, quand la sécurité n'est pas totalement assurée…

Page 88

5. Un *voyagiste* est celui dont le métier est d'organiser des voyages (Club Méditerranée, Jet Tours, etc.).

6. *Planter* est très concret: planter un clou, planter un arbre, par exemple. / *Implanter* (une usine, un projet) signifie les introduire et les installer.

7. a) être vaincu, perdre – **b)** des sous-vêtements, de la lingerie – **c)** un pot de vin, un bakchich, de l'argent liquide versé discrètement pour obtenir un avantage – **d)** complètement déprimé.

Page 89

8. Verbes totalement impersonnels n'acceptant que le « il » impersonnel comme sujet : *pleuvoir* (**a**), *falloir* (**c**), *s'agir* (**d**). *Procéder* (**b**) et *se produire* (**e**) acceptent d'autres sujets (*On a procédé à l'inventaire du magasin. – Un événement imprévu s'est produit à Rennes ce week-end.*).

9. a) *qui, si je le trouvais, me permettrait…*, il y a une incertitude sur l'existence même de ce travail. – **b)** *qui serait peut-être capable* (mais ce n'est pas absolument certain). – **c)** *qui, si elle l'avait rencontré, aurait pu la renseigner…*, mais le doute est total puisqu'elle n'a rencontré personne de ce genre.

10. Dans la première phrase, le seul problème est la création de ce site. Une fois créé, ils l'utiliseront ; dans la seconde phrase, il s'agit d'un site sur lequel, s'ils en avaient le désir, ils pourraient…

Page 90

11. *Par exemple* : la dessinatrice se moque de ces touristes plutôt « bobos » (= bourgeois-bohèmes) qui se prennent pour des anthropologues et s'imaginent comprendre l'âme des pays qu'ils visitent en quelques jours. Elle montre bien le fossé qui existe entre la condition des touristes et celle des autochtones qui ne profitent absolument pas des retombées économiques du tourisme.

BILAN AUTOCORRECTIF

Page 93

1. a) Faux – **b)** Vrai – **c)** Faux.

2. c – b – d – a – e.

3. a) C'est au restaurant universitaire que j'ai rencontré ma femme (mon amie, ma copine). – **b)** Il est complètement fou… – **c)** …des pourris (= des gens malhonnêtes)… – **d)** …laisse tomber (= abandonne, n'insiste pas)! – **e)** Il est un peu bizarre… – **f)** … voilà les flics (= la police)!

Page 94

4. a) (un futur antérieur) : on aura fini – **b)** (un conditionnel passé, irréel du passé) : tu aurais pu te faire écraser, tu te serais fait écraser – **c)** (c'est un imparfait stylistique correspondant ici à un passé simple) : se mirent à sonner – **d)** (c'est un présent de narration correspondant à un passé simple) : naquit.

5. a) 1 – **b)** 2 – **c)** 2 – **d)** 1

6. a – c.

UNITÉ 5 • LEÇON 13

Page 96

1. Le premier texte donne une définition de ce qu'est la dépression saisonnière et des symptômes de cette maladie.

2. état de déprime – blues – cafard – baisse de régime – « Trouble Affectif Saisonnier ».

3. C'est une hypothèse, c'est « à peu près certain » mais pas totalement.

Page 97

4. L'organisme de tous les êtres vivants est programmé en fonction des saisons, de l'alternance jour/nuit, des heures.

5. Le texte 3 est un texte publicitaire : son but est de faire acheter une lampe précise dont on indique la marque.

Page 98

6. Un bateau sombre = coule.

7. a) système politique – **b)** des grappes, des bouquets, des ensembles – **c)** forme juridique, statut – **d)** avec toutes ses forces, totalement – **e)** régime alimentaire, prescriptions alimentaires.

8. a) (mauvaise) humeur – **b)** humeur – **c)** humour.

9. *Par exemple* : héliothérapie, ergothérapie, électrothérapie, thalassothérapie…

Page 99

10. Vraie négation : phrases c et d – *Ne* explétif : phrases a et b, on peut supprimer le *ne* sans changer le sens de la phrase.

11. a) je ne peux pas du tout… – **b)** je ne peux pas, même si je le voulais… – **c)** je suis obligé de vous donner raison.

12. Attention au sémantisme du verbe : **a)** tous ceux (rencontrer quelqu'un) – **b)** tout ce (vouloir quelque chose) – **c)** tout ce (acheter quelque chose) – **d)** tous ceux (inviter quelqu'un à faire quelque chose).

Page 100

13. *Par exemple* : **a)** La dépression saisonnière, qui se traduit par de la fatigue, un manque d'énergie et d'intérêt pour l'entourage, de l'anxiété, n'est pas très grave en soi mais difficile à supporter pour les millions de personnes qui en souffrent (une personne sur quatre). – **b)** Pour expliquer les causes du « trouble affectif saisonnier », on évoque très souvent le manque de lumière qui augmenterait la production de mélatonine, déréglant ainsi notre horloge biologique.

14. *Par exemple* : La dépression saisonnière a pour cause, pense-t-on, un manque de lumière entraînant une production accrue de mélatonine et par là même, un dérèglement de notre horloge biologique. Cette affection, qui se traduit par de la fatigue, de l'anxiété, moins d'intérêt pour l'entourage…, n'est pas très grave en soi mais difficile à supporter pour les millions de personnes qui en souffrent (une personne sur quatre).

15. Tous deux proposent un remède : la luminothérapie.

16. Les difficultés à affronter l'hiver et, en particulier, le manque de lumière ; proposer d'y remédier grâce à une lumière artificielle.

17. Il ne s'agit plus d'une personne mais d'un village entier ; les mesures prises par la municipalité sont très importantes et très coûteuses.

Page 101

18. *Par exemple, avec le plan B.* : Rattenberg, petit village du Tyrol autrichien, était privé de soleil pendant tout l'hiver, ce qui provoquait dépression et exode ; la municipalité a décidé de s'attaquer au problème en installant sur la colline voisine des réflecteurs qui renvoient les rayons du soleil dans la vallée. S'exposer à la lumière est en effet l'un des meilleurs remèdes contre le « trouble affectif saisonnier » (TAS). Il est bien connu en effet que le manque de lumière entraîne un accroissement de l'hormone du sommeil, la mélatonine, et bouleverse notre horloge biologique. On se sent fatigué, sans ressort, sans intérêt pour rien, victimes de fringales subites… Cette maladie, peu grave en soi, peut néanmoins le devenir. Il faudrait en ce cas consulter un médecin dès les premiers symptômes.

• LEÇON 14

Page 102

1. La langue d'oïl.

2. Non, elle n'est parlée qu'au nord de la Loire.

3. 1992.

4. Elle recommande de protéger et de favoriser les langues régionales et/ou minoritaires en Europe.

Page 103

5. Non, car cela impliquerait une reconnaissance *de facto* de certains groupes linguistiques.

6. Pas vraiment : depuis 2004, on constate un tassement de cet enseignement, surtout en Bretagne.

7. Au Pays basque, par exemple, beaucoup de jeunes enfants sont inscrits dans des écoles basques, dans l'objectif de les immerger au plus tôt dans la langue/culture de cette région et de les stimuler intellectuellement grâce à cette formation bilingue. Cependant, plus les enfants grandissent, plus le souci des parents de les scolariser « normalement » est net, dans la perspective des examens -en français- qu'ils auront à passer.

Page 104

8. a) fait d'être monolingue = parler une seule langue – **b)** fait d'être bilingue = parler deux langues – **c)** fait d'être multilingue ou plurilingue = parler plusieurs langues ou avoir des documents traduits en plusieurs langues ; pays ou région où plusieurs langues sont parlées (la Suisse, par exemple).

9. Une prescription : *Le médecin a délivré une ordonnance au malade.*

10. a) le picard – **b)** l'auvergnat – **c)** le normand **d)** le provençal – **e)** le bourguignon – **d)** l'alsacien

11. a) 3 – **b)** 1 – **c)** 2

12. Langue d'oc, au sud de la Loire (d'où viennent les mots Languedoc, occitan) s'oppose à langue d'oïl, au nord.

13. frêle : mince, pas très solide / fragile : qui peut se casser, se briser – captif : prisonnier / chétif : petit et maigre, sans beaucoup de force – livrer : donner, apporter, remettre / libérer : rendre libre – entier : absolu, total / intègre : honnête – à l'hôtel, on reçoit des clients (et on les loge) / à l'hôpital, on reçoit des malades (et on les soigne) – écouter : prêter attention à un son, à un bruit, à une parole / ausculter : terme médical : écouter les bruits de l'organisme (le cœur, les poumons…)

Page 105

13. a) à condition que – **b)** sous réserve… qu' – **c)** à moins que – **d)** pourvu que (*à condition que* peut convenir aussi).

15. a) …en raison d'une baisse d'effectifs. – **b)** …dans le cadre d'un recensement de la population – **c)** …à l'exclusion des personnes qui payent l'impôt sur la fortune – **d)** À la suite d'un éboulement, la route…

Page 106

16. *Par exemple* : Texte I : En 1539, l'ordonnance de Villers-Cotterêts stipule que, désormais, le français (la langue d'oïl) sera la langue officielle du droit et de l'administration. – Texte II : En 1992, a été adoptée une Charte européenne protégeant les langues régionales ou minoritaires.

17. Oui, il y a opposition entre l'uniformisation linguistique souhaitée par l'ordonnance de Villers-Cotterêts et la reconnaissance officielle des langues régionales prônée par la Charte. C'est peut-être l'une des raisons pour lesquelles la France n'a pas ratifié cette Charte.

18. Le texte III explique pourquoi la France n'a pas ratifié la Charte européenne des langues régionales, en raison de sa tradition centralisatrice, « jacobine », et parce que c'est contraire à la constitution.

19. Le dernier texte apporte des précisions sur la situation des principales langues régionales (breton, basque, corse et occitan) par rapport à l'école.

Page 107

20. *Par exemple*: L'enseignement précoce des langues, très développé dans de nombreux pays, peine à devenir la norme en France. Il existe en effet certaines réticences, en particulier lorsqu'il s'agit d'enseigner en parallèle le français et une langue régionale, comme le breton, le basque, l'alsacien… Et pourtant, selon la plupart des psycholinguistes, l'enseignement bilingue précoce, qu'il s'agisse ou non d'une langue régionale, permet à l'enfant de développer ses capacités cognitives, son univers culturel et l'aidera plus tard à apprendre sans peine d'autres langues vivantes.

Mais certains parents craignent que l'apprentissage trop précoce d'une autre langue ne perturbe leur enfant, d'autant plus qu'ils n'accordent pas aux langues régionales la même valeur qu'à la langue nationale.

D'autres parents enfin ne seraient pas opposés à l'enseignement d'une langue étrangère dès le plus jeune âge mais en ce cas, disent-ils, autant opter pour une langue plus « rentable », comme l'anglais, par exemple, ou une autre « grande » langue européenne.

• LEÇON 15

Page 108

1. À l'origine, l'objectif d'EURATOM était de mettre en commun, dans le domaine du nucléaire, les connaissances, les compétences et les techniques des pays signataires (Allemagne, France, Benelux, Italie) afin, entre autres, de garantir une certaine sécurité à leurs populations et d'empêcher tout détournement des matières nucléaires à des fins militaires.

2. a) Le premier texte retrace brièvement l'historique d'EURATOM et ses principaux objectifs. – **b)** Le second fait le point sur cinquante ans de politique nucléaire. Le constat est contrasté : positif en ce qui concerne le contrôle de la non-prolifération nucléaire ; pessimiste quant à la coopération entre les pays européens : il n'y a pas vraiment de politique commune.

Page 109

3. Point commun : après la guerre, les pays signataires du CECA (dont la France de de Gaulle) comprennent l'importance de l'énergie nucléaire, seule capable d'assurer une certaine indépendance énergétique.

4. Le texte C ne concerne qu'un pays : la France ; il brosse un tableau de la situation entre 1945 et aujourd'hui.

5. a) Vrai – **b)** On ne sait pas, les textes n'en disent rien. – **c)** Vrai pour le nucléaire civil et Faux pour le nucléaire militaire (c'est la 2e puissance) – **d)** Faux, le CEA est français.

Page 110

6. réacteur, radioactivité.

7. a) connu, célèbre – **b)** qui possède une santé de fer, une excellente santé – **c)** riche, prospère.

8. Nucléaire : qui concerne le noyau de l'atome. – Un pays nucléarisé : qui possède des équipements nucléaires, pourvu de centrales nucléaires.

9. Du latin *nucleus*, le noyau. Il s'agit ici de l'énergie produite à partir de la modification du noyau de l'atome.

10. Agir de manière cavalière : avec désinvolture, avec hauteur, sans égards.

Page 111

11. se tint – organisa – aboutit – s'agissait – étaient – devait – eut lieu – décidèrent.

12. a) concernant, intéressants – **b)** amusant – **c)** regardant – **d)** glissante – **e)** Méprisant.

Page 112

13. *Par exemple*: En 1945, on comprit (de Gaulle, en particulier) toute l'importance pour un pays de se doter du nucléaire, afin d'acquérir au plus tôt une certaine indépendance énergétique mais aussi militaire. C'est dans ce double but qu'en 1957 fut créé EURATOM : les six États européens signataires (Allemagne, France, Italie, Benelux) désiraient coopérer dans l'approvisionnement en combustible nucléaire et en uranium, garantir un haut niveau de sécurité de leurs populations et prévenir tout risque de détournement de l'énergie nucléaire civile à des fins militaires. Si ces deux derniers objectifs furent en grande partie atteints, il n'en est pas de même du premier : la France, en particulier, avec la création « en solo » d'Eurodiff, n'a pas joué le jeu de la coopération à l'échelle européenne. Aujourd'hui, l'Europe semble bien divisée en ce qui concerne la politique nucléaire : certains états comme la Suède ou l'Allemagne y renoncent, d'autres s'apprêtent à faire de même poussés par une opinion publique hostile. La France, pays ultra-nucléarisé, ne semble pas prête pour l'instant à abandonner sa politique du « tout nucléaire ».

Page 113

14. (*Les ajouts sont en italiques gras.*) En 1945, on comprit (de Gaulle, en particulier) toute l'importance pour un pays de se doter du nucléaire, afin d'acquérir au plus tôt une certaine indépendance énergétique mais aussi militaire. C'est dans ce double but qu'en 1957 fut créé EURATOM : les six États européens signataires (Allemagne, France, Italie, Benelux) désiraient coopérer dans l'approvisionnement en combustible nucléaire et en uranium, garantir un haut niveau de sécurité de leurs populations et prévenir tout risque de détournement de l'énergie nucléaire civile à des fins militaires. Si ces deux derniers objectifs furent en grande partie atteints, il n'en est pas de même du premier : la France, en particulier, avec la création « en solo » d'Eurodiff, n'a pas joué le jeu de la coopération à l'échelle européenne. Aujourd'hui, l'Europe semble bien divisée en ce qui concerne la politique nucléaire : certains états comme la Suède ou l'Allemagne y renoncent, d'autres s'apprêtent à faire de même, poussés par une opinion publique hostile. ***En effet, la catastrophe de Tchernobyl a été un réel traumatisme et l'angoissante question du traitement des déchets nucléaires revient périodiquement ; d'autre part, le fait que certains pays peu sûrs possèdent la bombe n'est pas sans inquiéter, tant la situation internationale est tendue.*** La France, pays ultra-nucléarisé, ne semble pas prête pour l'instant à abandonner sa politique du « tout nucléaire », ***arguant du fait qu'il s'agit là d'une énergie peu coûteuse et « véritablement écologique » puisqu'elle permettrait de réduire les émissions de CO_2.***

Il semble bien qu'il soit très difficile pour l'Union européenne, dans ce domaine comme dans d'autres, d'harmoniser les points de vue, ceci d'autant plus qu'il ne s'agit plus de six pays comme en 1957 mais de vingt-cinq dont les orientations politiques et les intérêts sont souvent divergents.

BILAN AUTOCORRECTIF

Page 115

1. a) Vrai – **b)** Faux – **c)** Vrai – **d)** Faux – **e)** Vrai – **f)** Vrai.

2. – a) régions, départements – **b)** départements, territoire – **c)** province – **d)** pays.

3. a) humeur – **b)** prescrit – **c)** adapter – **d)** arêtes – **e)** évolué – **f)** enfoui.

4. Oui, dans les phrases b, c, d et f (phrases dans lesquelles le *ne* est explétif).

5. a) fut fait, finit (le passé simple = passé historique) – **b)** se sont disputés, n'ai pas pu (passé composé).

TESTEZ-VOUS! a) *Ensemble* demande un sujet pluriel → deux possibilités: *Mon frère et moi nous partons ensemble en voyage.* ou *Je suis parti avec mon frère en voyage.* – **b)** Attention à ne pas mélanger l'heure « officielle » et l'heure « familière » → deux possibilités: *quatorze heure trente* ou *deux heures et demie.* – **c)** *Une dizaine, une douzaine, une quinzaine…* Attention! tous les nombres ne peuvent être dérivés ainsi: *onzaine, treizaine, quatorzaine…* N'EXISTENT PAS, par exemple. – **d)** Problème de cohérence syntaxique: le sujet du gérondif doit être le même que celui de la proposition principale. Dans cette phrase, on dirait que c'est la voiture qui traverse sans regarder. Absurde! → deux possibilités: *Une voiture l'a renversé alors qu'il traversait sans regarder.* ou *Il a été renversé par une voiture en traversant sans regarder.* (ici, c'est bien le même sujet qui traverse et qui est renversé). – **e)** Attention! *dernièrement* ne signifie pas *en dernier lieu* mais *récemment, il y a peu de temps.* – **f)** Professeur DE théâtre. – **g)** *Une quarantaine* signifie « environ 40 »; c'est en contradiction avec *exactement* – **h)** À nouveau un problème de syntaxe: *de…* fait double emploi avec dont → deux possibilités: *C'est cet homme **dont** je voudrais te parler.* ou *C'est **de** cet homme **que** je voudrais te parler.*

N° d'éditeur : 10203478 - Dépôt légal : janvier 2014
Achevé d'imprimer en France sur les presses de JOUVE, Mayenne - N° 2139149P